① 世界遺産マップ

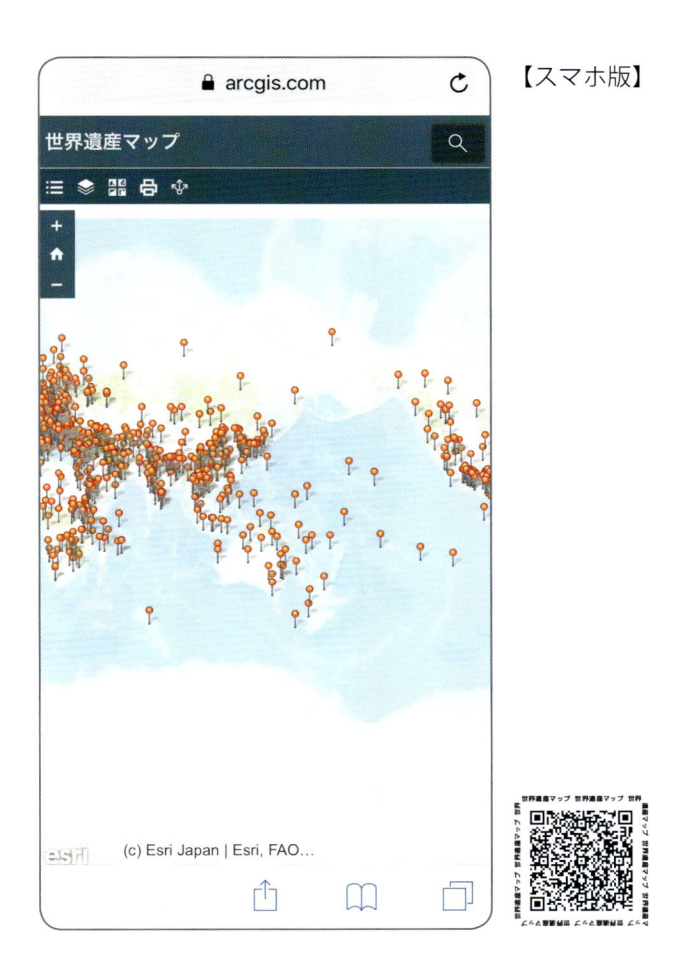

【スマホ版】

【PC版】

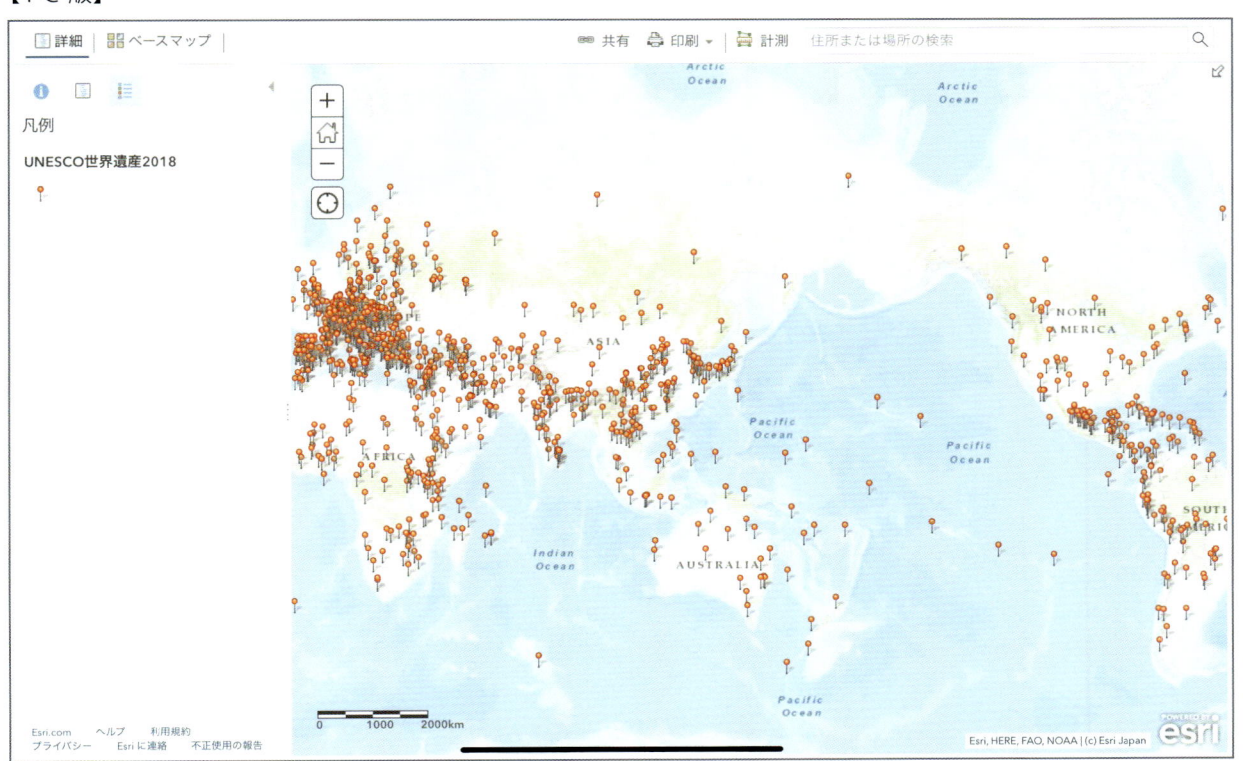

(https://www.arcgis.com/home/webmap/viewer.html?webmap=e2ea4476a70849859257930f7cf64585)

② 世界年間出生率

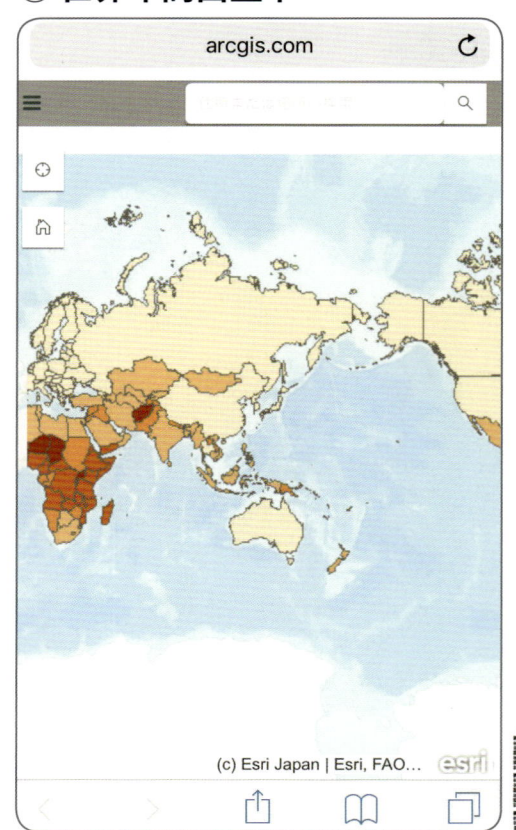

arcgis.com

(c) Esri Japan | Esri, FAO…

③ 世界死亡率

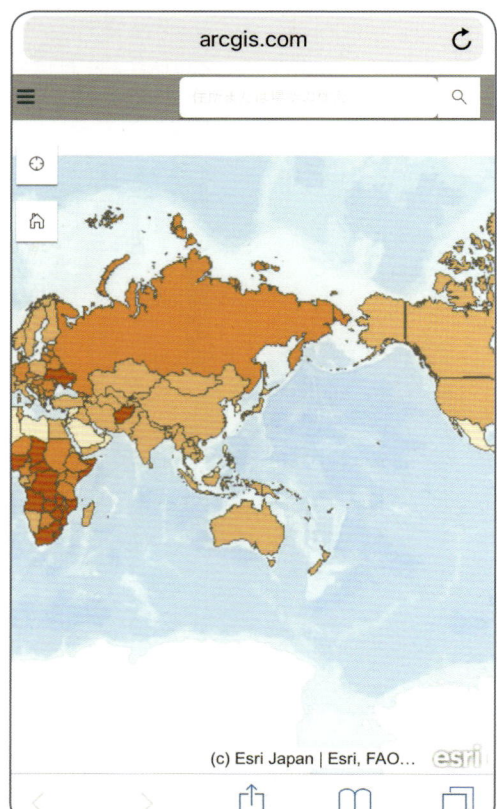

arcgis.com

(c) Esri Japan | Esri, FAO…

④ 世界の国ごとで最も多い宗教の分布

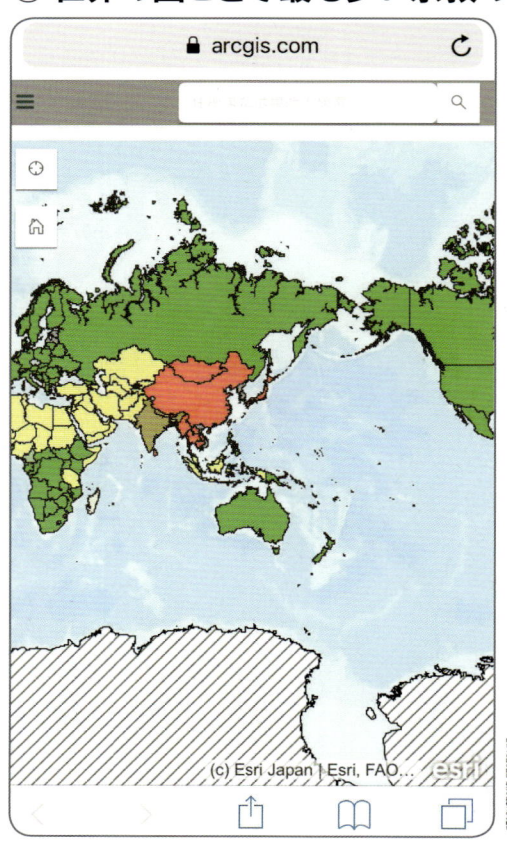

arcgis.com

(c) Esri Japan | Esri, FAO…

⑤ 原油の輸入

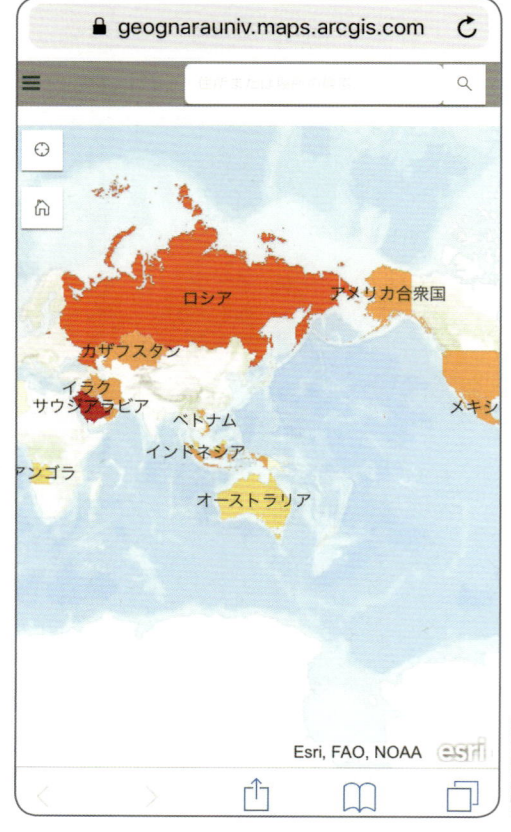

geognarauniv.maps.arcgis.com

ロシア　アメリカ合衆国
カザフスタン
イラク
サウジアラビア　ベトナム　メキシ
インドネシア
アンゴラ
オーストラリア

Esri, FAO, NOAA

⑥ 植生分布図

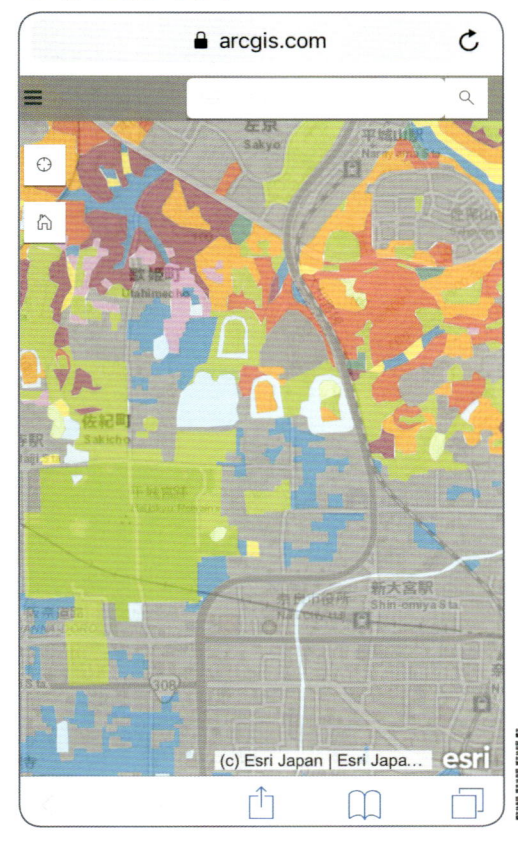

arcgis.com
(c) Esri Japan | Esri Japa...

⑦ 町丁別人口マップ

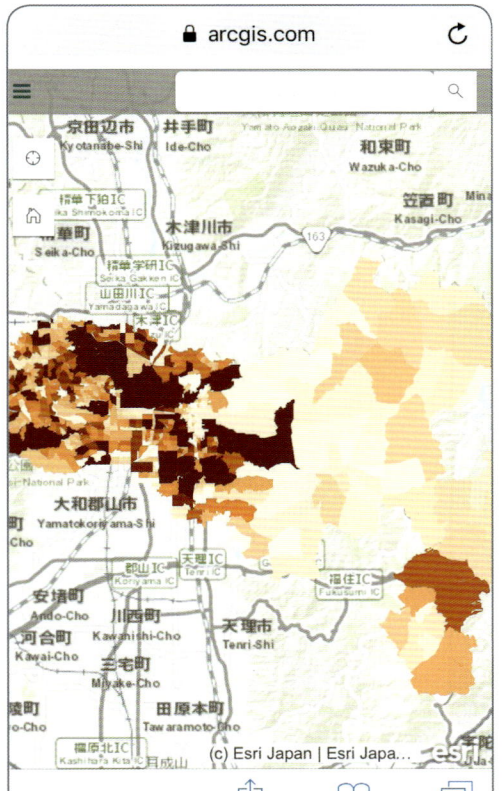

arcgis.com
(c) Esri Japan | Esri Japa...

⑧ 都市圏活断層図

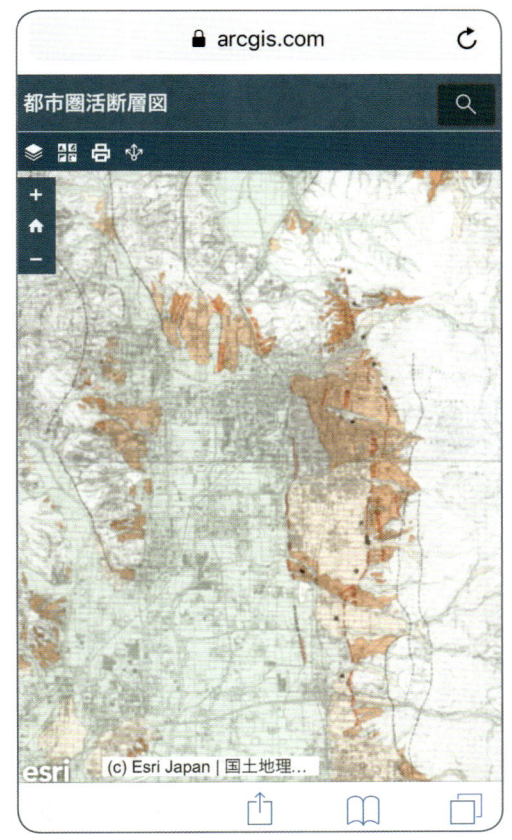

arcgis.com
都市圏活断層図
(c) Esri Japan | 国土地理...

⑨ 全国ハザードマップ

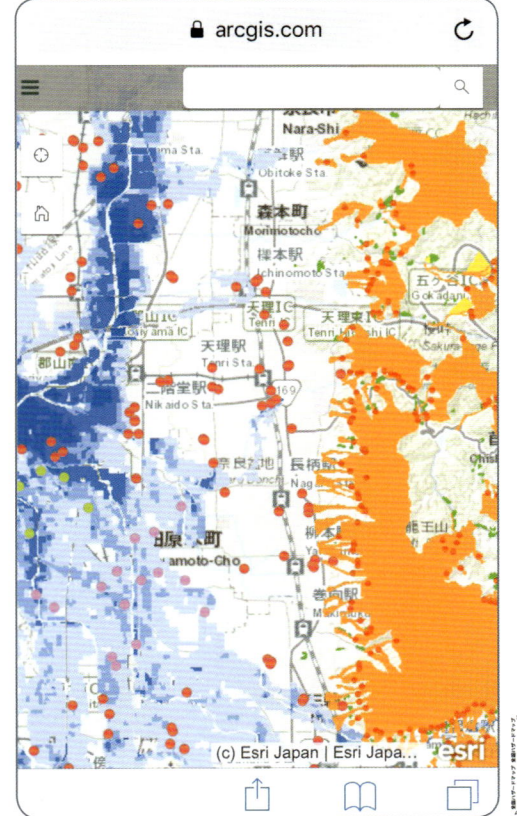

arcgis.com
(c) Esri Japan | Esri Japa...

② 世界年間出生率

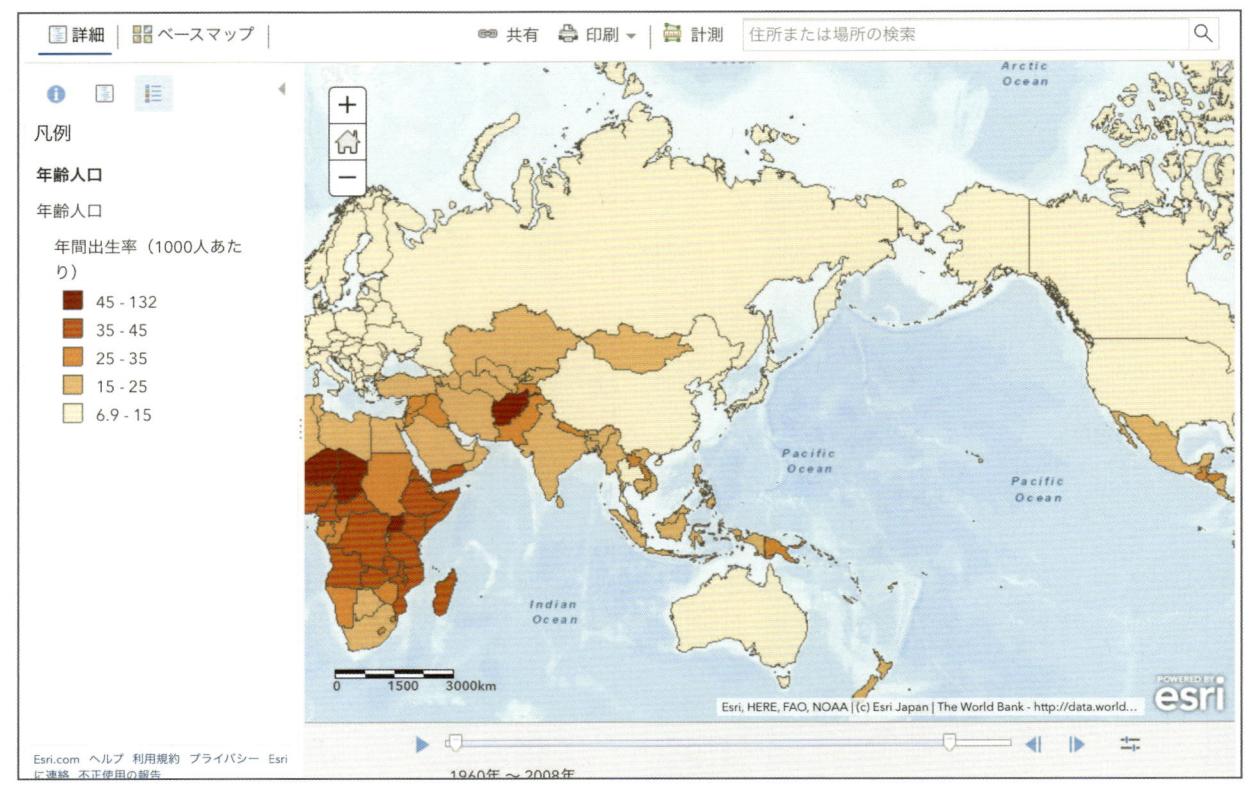

(https://www.arcgis.com/home/webmap/viewer.html?webmap=e39e623b397f44a3b6b8176ba3a0a6f0)

③ 世界死亡率

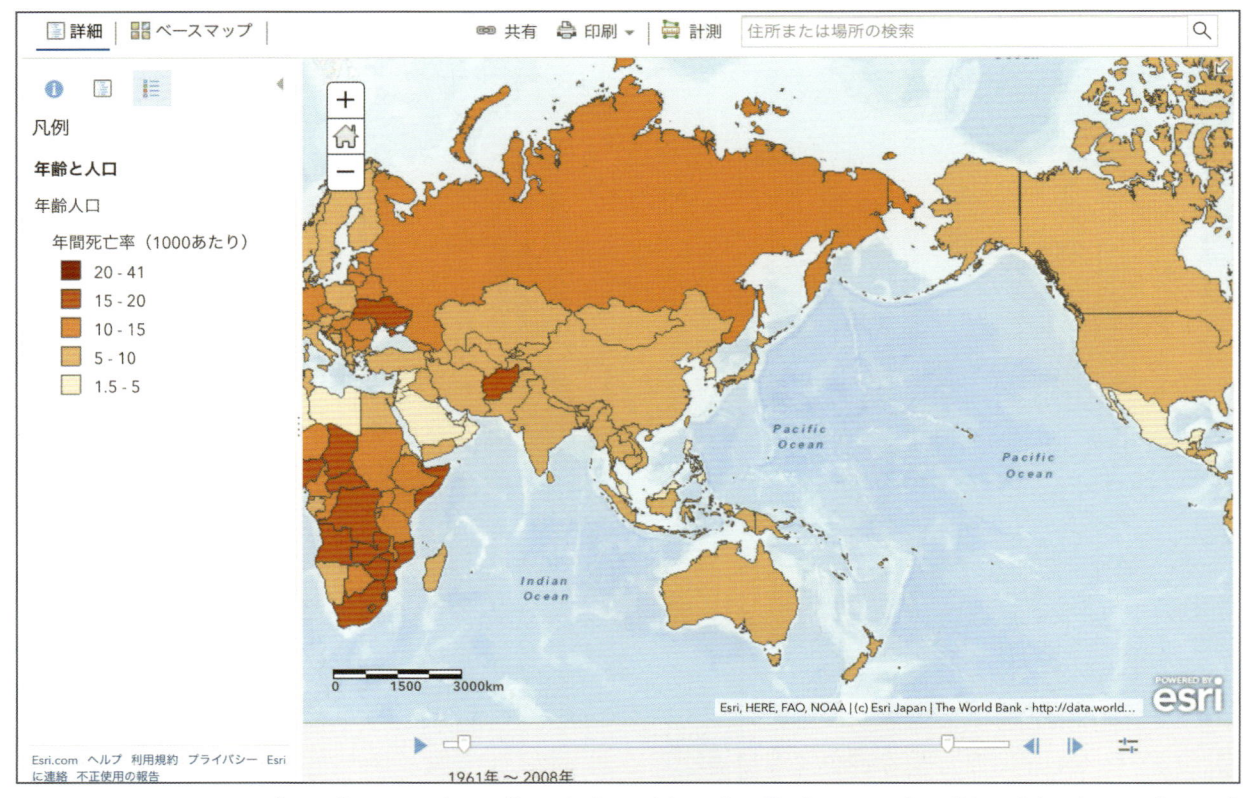

(https://www.arcgis.com/home/webmap/viewer.html?webmap=e7ed6c5fdd834d0ba8d9996cefa15a56)

④ 世界の国ごとで最も多い宗教の分布

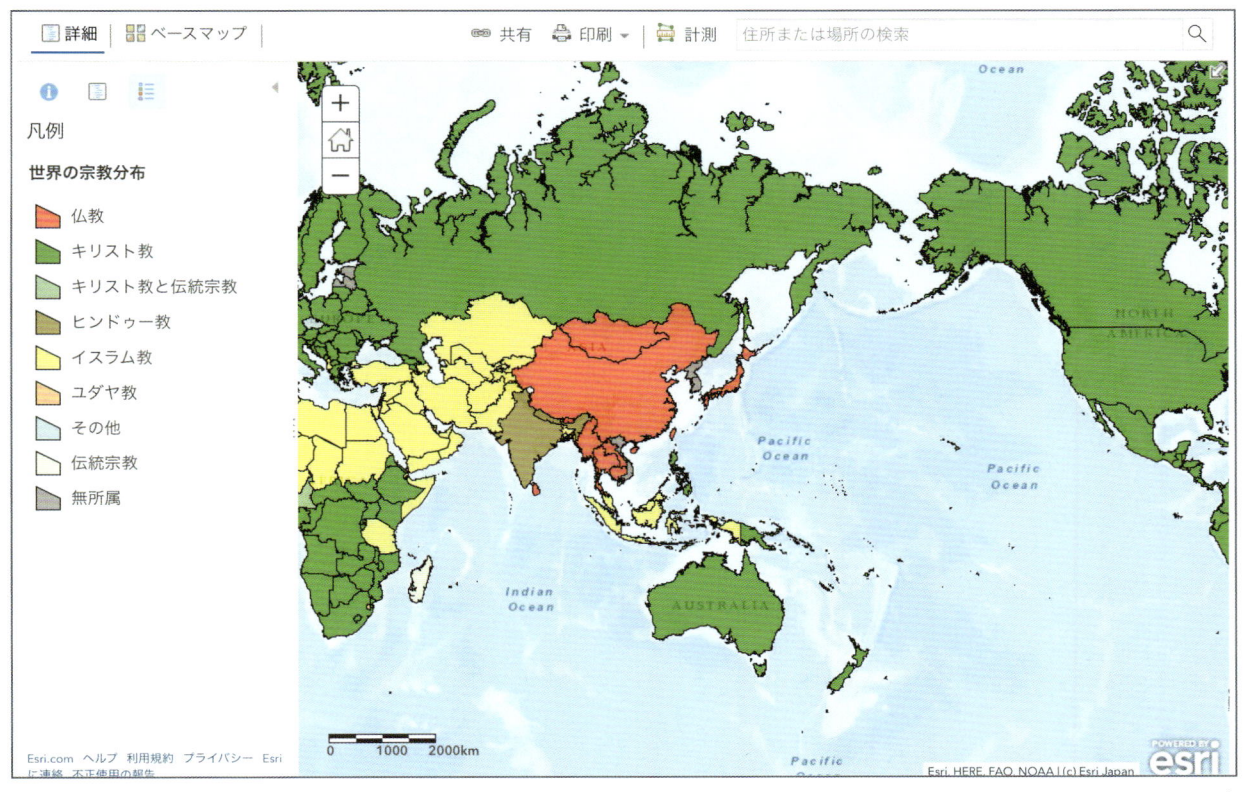

(https://www.arcgis.com/home/webmap/viewer.html?webmap=1ccb544c093a44e7a53309435eb57cf4)

⑤ 原油の輸入

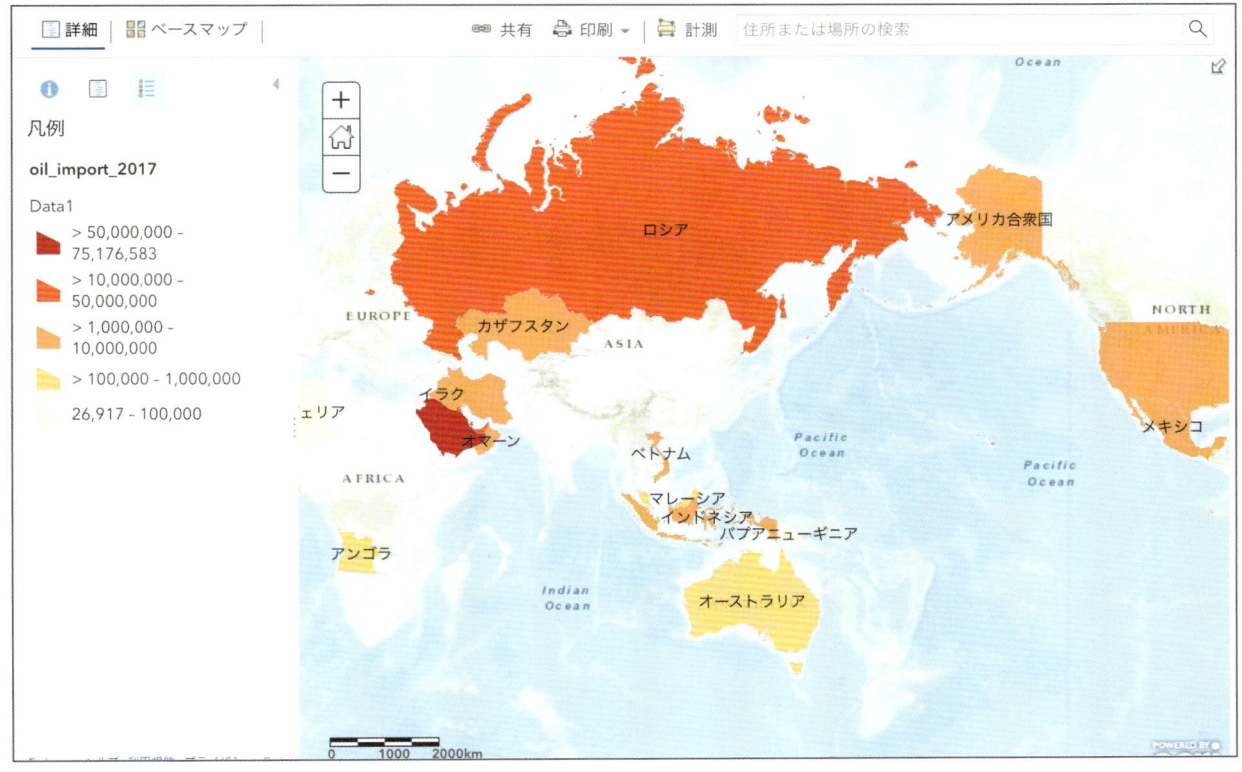

(https://www.arcgis.com/home/webmap/viewer.html?webmap=0e78fc977b594cb3a124daedc4388c6)

⑥ 植生分布図

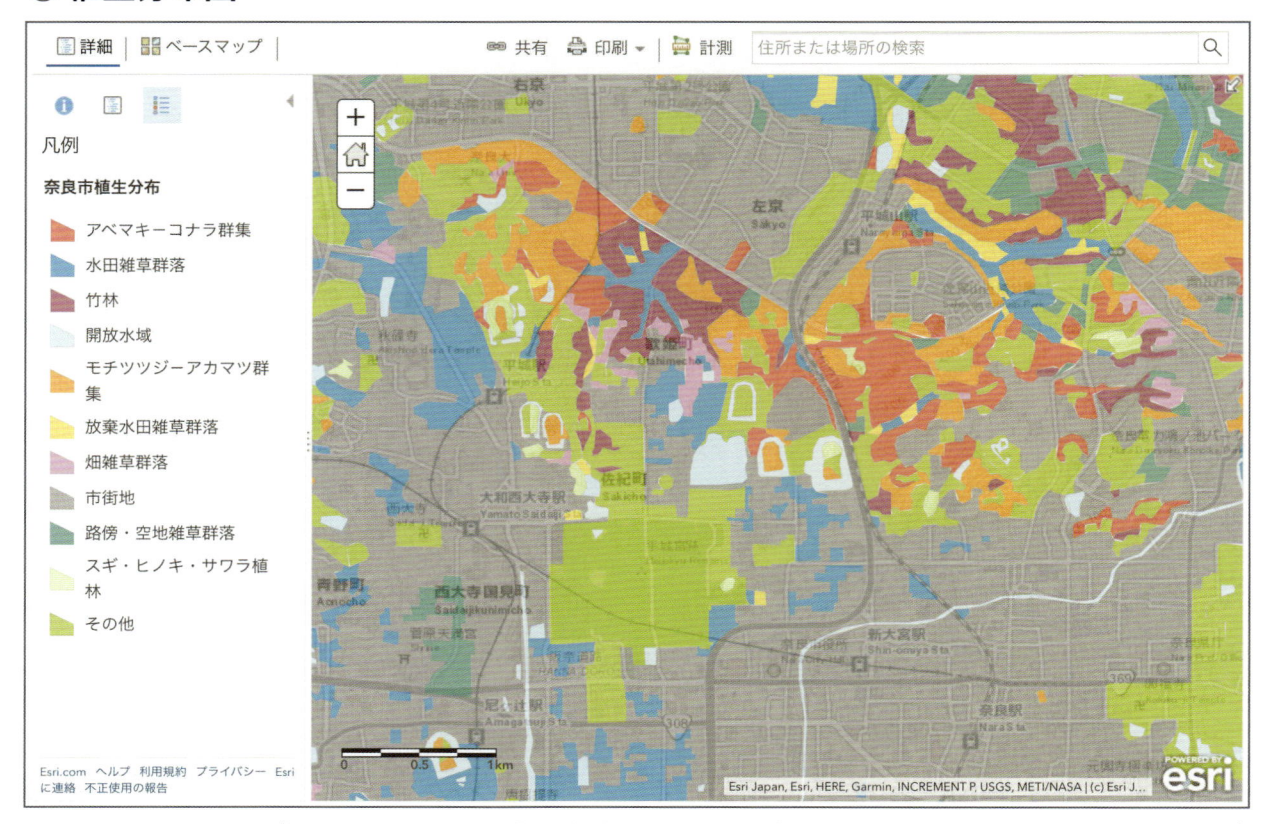

(https://www.arcgis.com/home/webmap/viewer.html?webmap=cada0c7e156648c1a4301695324cd715)

⑦ 町丁別人口マップ

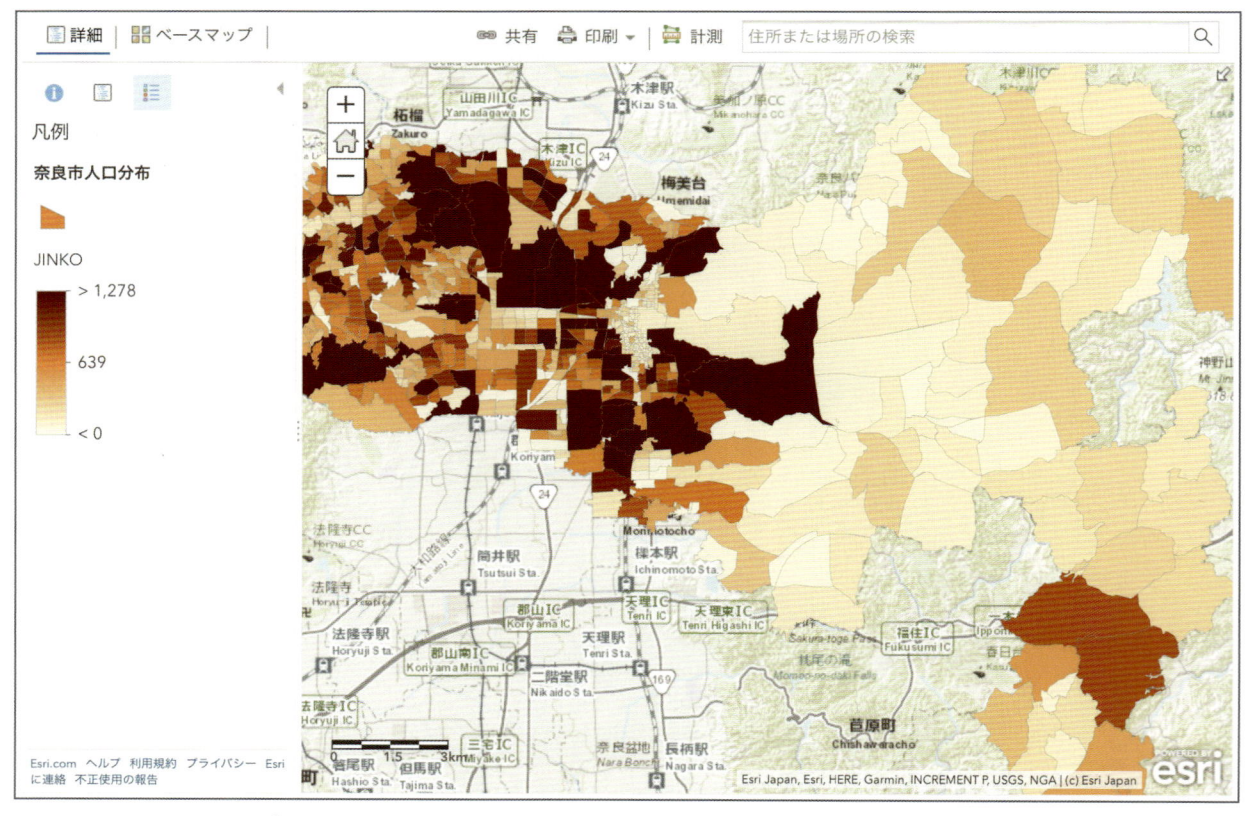

(https://www.arcgis.com/home/webmap/viewer.html?webmap=85c451feb2e845a1a85ecf5a9630db11)

⑧ 都市圏活断層図

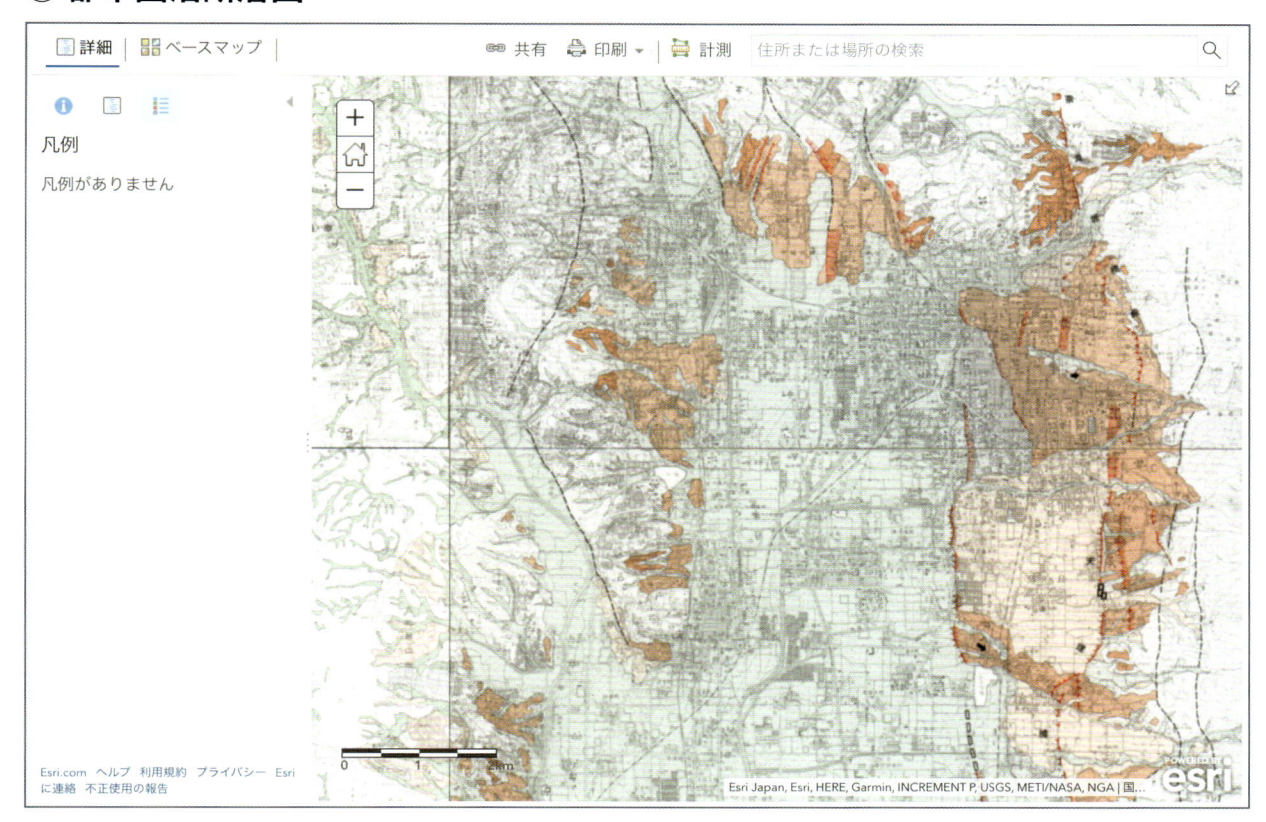

(https://www.arcgis.com/home/webmap/viewer.html?webmap=3a7756141a7744aca20a017f7735e11d)

⑨ 全国ハザードマップ

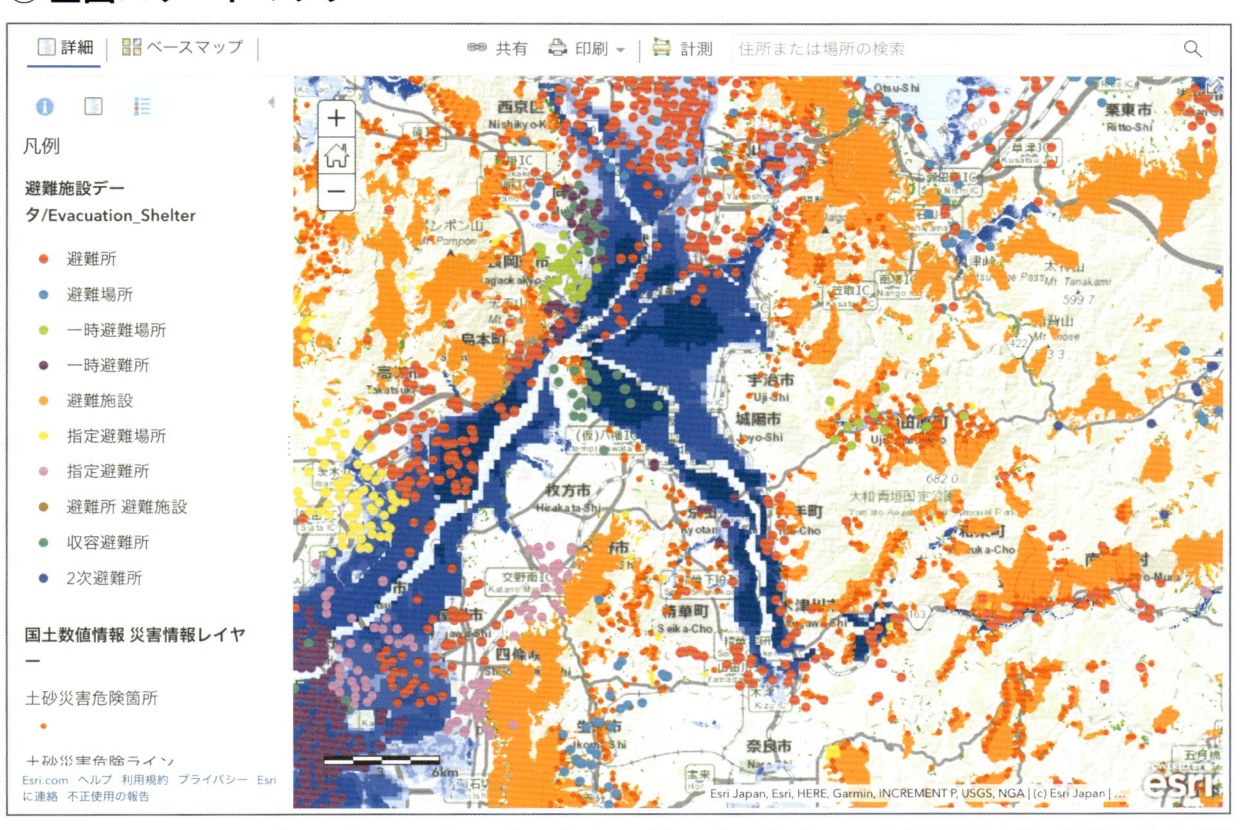

(https://www.arcgis.com/home/webmap/viewer.html?webmap=a2ad0097c3534f91a79fd92e08e6e2f9)

⑩ 南海トラフ巨大地震の被害想定

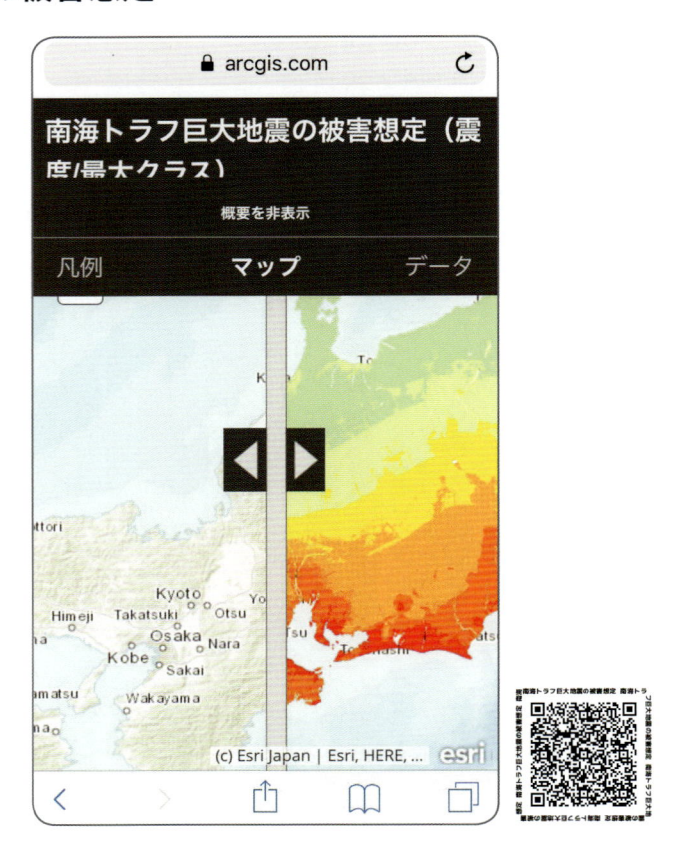

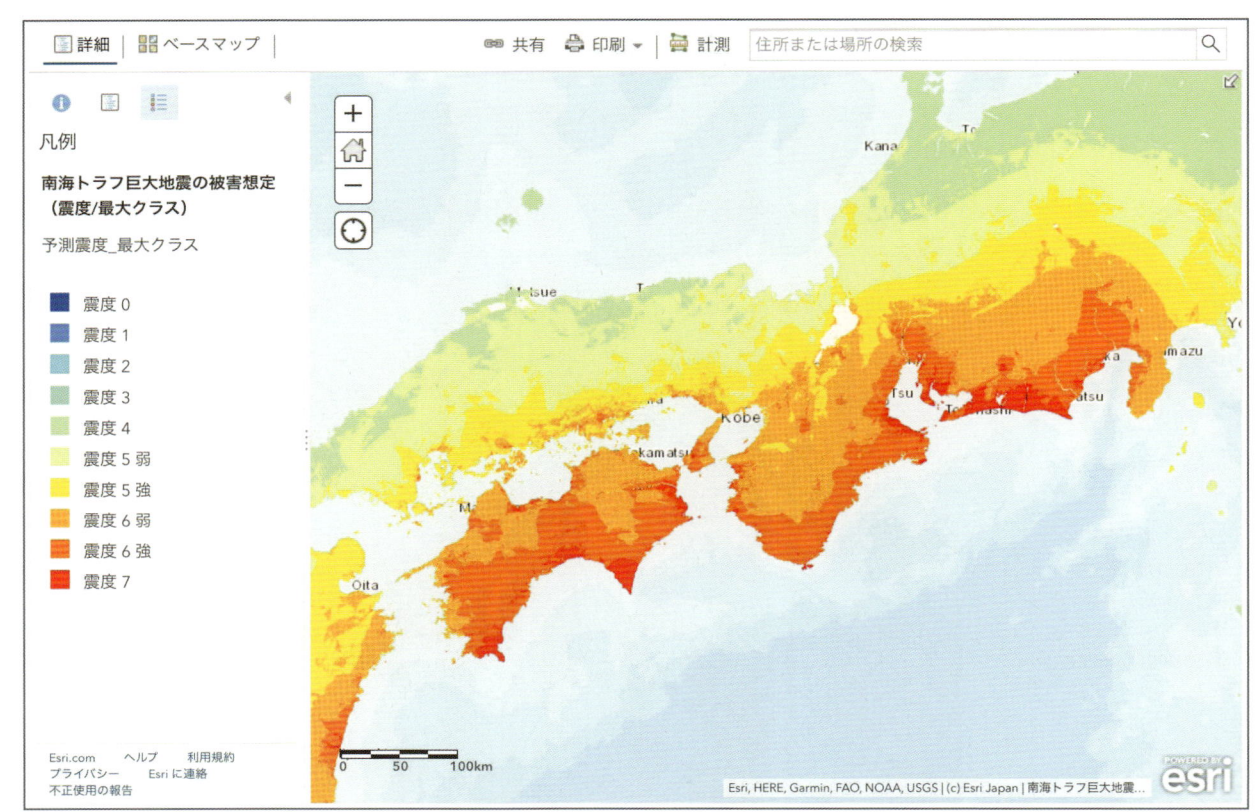

(https://www.arcgis.com/home/webmap/viewer.html?webmap=a2ad0097c3534f91a79fd92e08e6e2f9)

スマホとPCで見る
はじめてのGIS

―「地理総合」でGISをどう使うか―

時枝　稜／木村圭司 ▪ 著

古今書院

はじめに

　本書が目指しているのは、「地理総合」必修化を前に GIS について知りたい高校地歴科の先生方、特に日本史・世界史を専門とする先生方に、いちばん最初に手に取ってもらえる本です。インターネットにつながったスマホやパソコンをつかえば、すぐに GIS を体験していただけます。

　2022 年 4 月から、高等学校の地理歴史科で「地理総合」が必修になります。これまで長きにわたって地理は高等学校では必修から外されていたため、地理歴史科の教員でも高校生の時に地理を学ばなかった先生方が多いと思われます。

　さらに、今回の「地理総合」の柱として、「地図と地理情報システム（GIS）の活用」「国際理解と国際協力」「防災と持続可能な社会の構築」が挙げられています。そもそも高等学校の地理歴史科教員が GIS について触れる機会はほとんどありませんでした。そこで、まず GIS が何かを知っていただき、授業で教えられるように準備するお手伝いをしたいと考えました。国際理解や防災についても、授業で「教えよう」としたときに不安がある先生が多いことでしょう。一方で、地理歴史科教員に限らず、高校教員の多くは多忙で、目の前の仕事を終えることがやっとで、勉強の時間をなかなか取れないという嘆きも聞こえてきます。しかし、（執筆時の 2019 年 5 月からみると）あと 3 年ほどで、すべての高等学校で「地理総合」が必修になるのです。ゆっくりですが、確実に近づいています。

　本書は、「GIS とは」「国際理解とは」「防災とは」を説明することは後回しとして、まずはスマートフォン（スマホ）・タブレット・パソコンのどれかを使って、GIS を体験してもらうことを主軸としました。さらに、スマホ（やタブレット）で扱いやすいように二次元バーコード（QR コード）をすべての例につけました。つまり、スマホの QR コード読み取り機能（無い場合は LINE からも読み取り可能）を使えば、すぐに地図が表示されます。

　こんな簡単に GIS が使える仕組みは、これまでほとんどありませんでした。まず、この本を手にとって、興味のある地域（例えば、ハザードマップでは自宅付近など）を見て下さい。ふだん使っているスマホなので、場所の移動や拡大縮小は簡単にできるはずです。そう、GIS は難しいものではなく、テレビを見ながらでも、ベッドに横たわってでも簡単に使えるものであることがわかるでしょう。小難しく考えることは後回しにして、10 例のうちのいくつかを試して下さい。

　本書では、QR コードに加えてパソコン用のリンクも併記しています。スマホの方が手軽かもしれませんが、パソコンは画面が広くて見やすいと思います。また、スマホは高等学校で禁止しており、授業で使用させられないという事情もあるでしょう。こうした意見を受けて、高等学校のパソコン教室でもスマホとほぼ同じ画面を使えるようにしました。

パソコンの場合には、リンクを手入力するのはとても面倒なので、http://www.nara-u.ac.jp/faculty/let/geography/news/2019/677 にリンク集を公開しています。さらに本書では、それぞれの図の読み取り方や、このまま教案として使用する例について説明をつけました。「地理総合」の授業の中で、GIS のために何時間の授業を当てるかについて、まだ教科書ができていない現在では、手探りの状態かもしれません。しかし、2 単位（週 2 コマ）の「地理総合」で、50 分× 10 回も GIS のためにとれるとは、現在のところ考えられません。つまり、生徒が GIS ソフトウェアを使ってデータから図を作れるようになることは、「地理総合」だけではかなり難しいと思っています。本書は、そうした不安を一掃するきっかけにしたいとも考えています。

　「百聞は一見にしかず」という言葉があるように、まず本書の第 1 章のうち、興味のある順にスマホで QR コードを読み取って、触ってほしいです。そうすれば、これまでスマホで使ってきたカーナビ、食べログ、Google マップ、天気予報の HP などなど、地図とデータが連動したものはすべて GIS を利用したものだと気づくでしょう。「GIS は難しい」のではなく、「実は、GIS はふだん何気なく使っていたけれども、気づいていなかっただけだった」とわかれば、本書の目的はほぼ達成です。

　さて、第 1 章は、QR コード（URL）と表示例、図の解説、データ諸元、高校「地理総合」の教案例、そして「分布図の解説」「さらに一歩進んで」で 1 組にしており、10 例を並べています。この 10 例は特に意図する順番はないので、興味を持った順番で試して下さい。第 2 章では、高校の「地理総合」で実際に授業をすることを念頭に、2018 年に文部科学省から出された学習指導要領本文と学習指導要領解説に示された実際の記述と、本書の第 1 章との対応について説明を行っています。本書の 10 例をすべてみていくと「地理総合」のうち GIS を用いるほぼすべてをカバーしていることがわかっていただけると思います。また、第 3 章では、本書のシステムで使用している ESRI 社の ArcGIS Online について概説しています。

　本書では、GIS を使った地図の読み取り方について丁寧に説明しました。しかし、GIS を用いた地図の作成には踏み込みませんでした。より高度な内容については、さまざまな参考書が古今書院をはじめ、たくさん出版されています。また、大都市では講習会を受けられる機会もあると思います。こうした機会を利用されるか、または、奈良大学入学センター（電話 0742-41-9502、E-mail nyuugaku@aogaki.nara-u.ac.jp）にお問い合わせ下さい。さらに、本書とは別に、防災に特化した 10 例をまとめた冊子も奈良大学で作成・販売しています。ご希望の方は、奈良大学入学センターまでお問い合わせ下さい。

目　　次

はじめに　　i

第 1 章　やってみよう！ ……………………………………………… 1

① 世界遺産マップ　　2

② 世界年間出生率　　7

③ 世界死亡率　　12

④ 世界の国ごとで最も多い宗教の分布　　17

⑤ 原油の輸入　　22

⑥ 植生分布図　　27

⑦ 町丁別人口マップ　　32

⑧ 都市圏活断層図　　37

⑨ 全国ハザードマップ　　43

⑩ 南海トラフ巨大地震の被害想定　　49

第 2 章　高校地理と GIS ……………………………………… 54

2.1　2022 年高等学校学習指導要領と GIS　　54

2.2　現行学習指導要領での GIS の活用　　65

① 高等学校教員の GIS に関する研修機会の不足　　65

② ICT 設備の不足　　65

③ 生徒が GIS に対して距離を感じやすい　　65

2.3　そもそもどうやって GIS を教えるの？　　66

第 3 章　ArcGIS Online とは ……………………………… 67

① ArcGIS Online の特徴　　67

② 作成者について　　67

③ 閲覧者について　　67

おわりに　　68

参考文献・出典　　70

第1章　やってみよう！

　本章では 2022 年から実施される高等学校学習指導要領 地理歴史編「地理総合」（以下、新学習指導要領とする）の内容に沿って教材として活用できるコンテンツを公開しています。構成は「コンテンツ名・スマホ版コンテンツの表示例・パソコン版コンテンツの表示例・コンテンツの URL の QR コード」「図から読み取れること」「教案例」「データについて」「分布図の解説」「さらに一歩進んで」で 1 セットです。

　まずは、それぞれの**コンテンツの QR コード**をスマートフォン（以下、スマホとする）やタブレットで読み取ってみてください。QR コードの読み取り方法としては、読み取り機能が標準搭載されているスマホであれば問題ありませんが、標準搭載されていない場合は、QR コード読み取りアプリ（無料アプリ有）をダウンロードしていただく必要があります。その他の方法では、無料コミュニケーションアプリの LINE の「友だち追加機能」から読み取るという方法などもあります。現代社会において、様々な場面で QR コードが使用されています。そのため、QR コード読み取り方法を説明しなくても多くの高校生は読み取ることができるでしょう。コンテンツの URL を QR コード化することで簡単に短時間で表示させることができると思います。また、パソコンのブラウザ（Internet Explorer, Firefox, Google Chrome など）で見る場合には、リンク集を http://www.nara-u.ac.jp/faculty/let/geography/news/2019/677 に公開しています。このページからは、ワンクリックでそれぞれの例に飛ぶことができます。

　上手く図が表示できたら画面を動かしてみてください。世界スケールの図であれば、どの国の色が目立っているでしょうか。また、なぜ、そのような色になっているのか背景を考えてみてください。様々な要因が考えられるのではないでしょうか。また、世界の国々と日本を比較してみましょう。日本や小地域スケールの図であれば、自分の住んでいる地域を見てみましょう。どのような特色がありましたか。自分の身近な地域に目を向ける機会はあまりないのではないでしょうか。新たな気づきがあったことと思います。

　画面を動かして様々な地域を見た後、「**図から読み取れること**」のページを見てみましょう。そのページには、それぞれの図から読み取ってほしいことや考えてほしいこと、関連性のあるもの等を記載しています。授業でコンテンツを活用する際に、ぜひ参考にしてみてください。

　また、実際のコンテンツを活用した授業の「**教案例**」を作成しています。コンテンツから読み取れることと、新学習指導要領の内容を適応させた授業展開の一例です。「**データについて**」では、コンテンツの作成に使用したデータを明記しています。「**分布図の解説**」では図の説明のうち、やや高度な内容を書いています。「**さらに一歩進んで**」では、GIS に関して知ってほしいことを書いています。

　では、スマホやタブレット、パソコンをもって GIS を体験してみましょう！

① 世界遺産マップ

図1　世界遺産マップ（スマホ画面）

図2　URL の QR コード

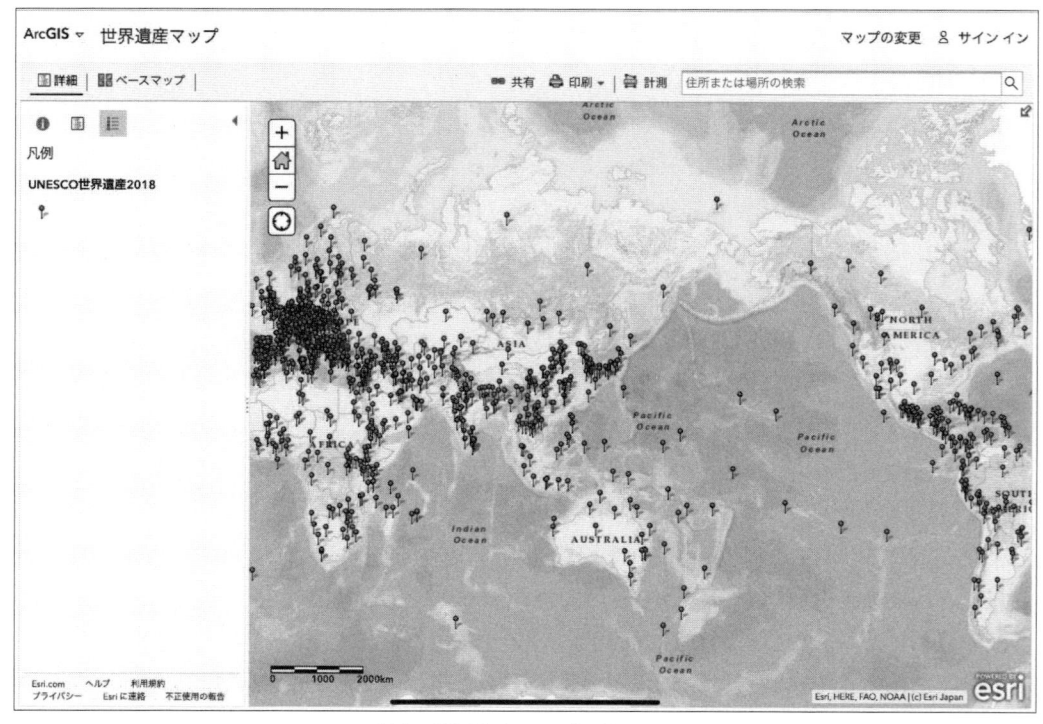

図3　世界遺産マップ（PC 画面）

(https://www.arcgis.com/home/webmap/viewer.html?webmap=e2ea4476a70849859257930f7cf64585)

▶どんなことが読み取れる？

世界遺産マップは、世界の世界文化遺産と世界自然遺産の分布を示したものです。図1は、スマホで表示させた世界遺産マップの図です。図2のQRコードを読み取ることで簡単に短時間で表示させることができます。図1は、アプリケーション加工を行い、スマホで見やすくしています。図3がその元データであり、パソコンで表示させた世界遺産マップの図です。

2019年5月現在、世界には1,092件の世界遺産があります。日本には18件の文化遺産と4件の自然遺産の計22件の世界遺産があります。そもそも世界遺産とは、1972年のユネスコ総会で採択された「世界の文化遺産及び自然遺産の保護に関する条約」（世界遺産条約）に基づいて、世界遺産リストに登録された遺跡や景観、自然など、人類が共有すべき「顕著な普遍的価値」をもつ不動産を指します。

この図を通して世界遺産の名称や位置や世界にある世界遺産の分布について知ることができます。自分の住んでいる都道府県にある世界遺産は多くの人々が知っていると思います。しかし、視野を広げて日本全国や世界の世界遺産を知り、その価値について学習を行うことが大切です。

1. 文化遺産と自然遺産

世界遺産は、文化遺産と自然遺産、複合遺産に分けられています。種類別の割合としては、文化遺産：77.4%、自然遺産：19.1%、複合遺産：3.5% となっています（2019年5月現在）。文化遺産が圧倒的に多い理由としては、様々なことが考えられます。最大の理由としては、自然遺産は文化遺産に比べ、範囲が広く保護が難しいということが挙げられます。自然遺産は、その登録範囲だけで生態系が維持できることを条件としているため、どうしても範囲が広くなってしまいます。これに対して、文化遺産は建築物や構築物1つから登録できるため、狭い範囲で複数登録することができます。保護面でも範囲が狭く比較的容易であるといえます。

2. 危機遺産リスト

世界遺産の中には、様々な要因により遺産の価値が損なわれる危機にあるものもあります。それらの遺産は「危機にさらされている世界遺産リスト（危機遺産リスト）」に登録されています。危機遺産に登録される理由としては、自然環境や時間の経過によって起こった危機や内戦による破壊、環境破壊などが挙げられます。また、自然遺産に関しては、希少動物の減少が要因となることもあります。

危機遺産リストに登録され、改善されず「顕著な普遍的価値」が損なわれたと判断された場合、世界遺産としての価値を失ったとして、世界遺産リストから抹消されます。事例としては、2009年にドイツの「ドレスデン・エルベ渓谷」が世界遺産リストから抹消されました。

▶教案例

【新学習指導要領との対応】

【新学習指導要領との対応】

 B 国際理解と国際協力

 （2）地球的課題と国際協力空間的相互依存作用や地域などに着目して，課題を追究したり解決したりする活動を通して，次の事項を身に付けることができるよう指導する。

ア 次のような知識を身に付けること。

（ア）世界各地で見られる地球環境問題,資源・エネルギー問題,人口・食料問題及び居住・都市問題などを基に，地球的課題の各地で共通する傾向性や課題相互の関連性などについて大観し理解すること。

（イ）世界各地で見られる地球環境問題,資源・エネルギー問題,人口・食料問題及び居住・都市問題などを基に，地球的課題の解決には持続可能な社会の実現を目指した各国の取組や国際協力が必要であることなどについて理解すること。

イ 次のような思考力，判断力，表現力等を身に付けること。

（ア）世界各地で見られる地球環境問題，資源・エネルギー問題，人口・食料問題及び居住・都市問題などの地球的課題について，地域の結び付きや持続可能な社会づくりなどに着目して，主題を設定し，現状や要因，解決の方向性などを多面的・多角的に考察し，表現すること。

【教案例】

 まず、生徒に知っている日本の世界遺産を答えさせる。自分の住んでいる都道府県にある世界遺産等がすぐに出てくると予想できる。そして日本全国でいくつ世界遺産があるか発問をする。そして、22件（2019年5月現在）の世界遺産があることを伝える。その後、図を用いて、日本にある世界遺産の位置と名称を確認する。

 次に、世界には多くの世界遺産があるが、中には世界遺産としての価値を失いつつある遺産があることを伝える。これらは、「危機にさらされている世界遺産リスト（危機遺産リスト）」として世界遺産委員会によってまとめられている。ここで、「なぜ、世界遺産としての価値がなくなりつつある遺産があるのだろう？」という課題を設定する。その際、世界遺産の登録基準を提示することで、生徒は考察しやすくなる。生徒からは、「戦争などによって壊れた」、「自然環境の悪化」、「劣化」、「歴史的に価値のあるものではないとわかった」などの答えが出てくることが予想できる。ここで、「危機遺産リスト」もしくは既に世界遺産リストから登録抹消された元世界遺産を提示し、その背景を学習していく。例えば、ドイツの「ドレスデン・エルベ渓谷」を挙げる。この「ドレスデン・エルベ渓谷」は2004年に世界遺産に登録されたが、2007年に抹消された。抹消理由としては、橋の建設により文化的景観を損なうとされたからである。これらの事例を基に、日本および世界の世界遺産を守っていくために必要なことを生徒に考えさせ、持続可能な社会の実現の視点につなげていく。

▶データについて

○世界遺産マップの元データ

https://services2.arcgis.com/yXkM3ARNI1ZFKisN/arcgis/rest/services/
UNESCOWorldHeritage2018/FeatureServer

▶分布図の解説

　分布図を図1や図3に示しました。しかし、こうした分布図の読み取り方を習ったこと
は少ないだろうと思います。このあたりを定式化することも必要だと思っています。

では、図1や図3を読み取ってみましょう。

❶ **まず、タイトルを見ましょう。** 何について書かれているのかがわかります。この図の場
合は、「世界遺産の分布」を示しています。

❷ **つぎに、凡例を見ましょう。** 凡例の意味、つまり図の作者の意図を読み取ることができ
ます。この図の場合は、1種類のピンで表されています。世界遺産は3種類（自然遺産、
文化遺産、複合遺産）ありますが、その区別をしていません。つまり、世界遺産の分布を
示しています。

❸ **図の種類を読み取ります。** 今回は世界全体を対象としたドットマップです。

❹ **拡大せずに、地球全体の分布について概観しましょう。**

＊ポイント1：多いところ、少ないところを読み取ります。

　多いところは、ヨーロッパ、イスラエル周辺、アフリカ中東部、インド西部、タイ・カ
ンボジア周辺、中国東部、日本、カリブ海諸国、中部アメリカです。ほとんど無い場所は、
（図には表現されていませんが南極大陸）、大洋上、グリーンランド、シベリアです。また、
少ないところは、オーストラリア、北アメリカ、アマゾン、アフリカです。

＊ポイント2：知っている知識と重ね合わせます。

　世界遺産の多いところは、古くからの歴史がわかっている場所が多いようです。世界遺
産のほとんど無いところは、海の上か、氷床・砂漠・森林で覆われている場所で、ほとん
ど人間が住んでいない場所のようです。

＊ポイント3：予想と違ったところを見ていきます。

　ゼロだと思ったけれどもあった場所を見たり、2つの地域を比較したりしましょう。グ
リーンランドにも世界遺産があります。大西洋南部やインド洋南部にも世界遺産がぽつん
とあります。アメリカ合衆国やカナダは、ヨーロッパに比べて少ないようです。

❺ **興味のある地域を拡大して、その特徴をさらに見てみましょう。**

＊ポイント1：日本で22件もあるようですが、どこでしょうか？

＊ポイント2：世界遺産の多いヨーロッパの国を拡大して、聞いたことのある場所を探し
てみましょう。

＊ポイント3：世界史の授業で習った場所を見てみましょう。

　このように、分布図を読み取るときは徐々にズームアップしていくのが基本となります。

▶さらに一歩進んで

　図1や図3を拡大してみましたか？　図4のようにピンの印が知床半島に表示されていると思います。しかし、「このピンの印の場所が世界遺産です」と言われると、なにか違和感を覚えませんか？

図4　ピンで表示された世界遺産「知床」　　　　　図5　エリア表示された世界遺産「知床」

　図1や図3のように世界地図に示すと、711㎢の世界自然遺産「知床」は点として表示するのが良いでしょう。しかし、GISでは自由に拡大縮小できるので、どんどん拡大していくと、図4のように表示されてしまいます。この地域を表示したときの世界遺産「知床」は、図4は不適当で、図5のように面積を持ったエリアで表現をするのが正しいです。

　GISでは、図4のように場所を点で表すこともできますし、図5のように面で表すこともできますが、どちらで表示するかは、あらかじめ決めておく必要があります。このほかにも、鉄道や道路などは線で表示することも多くあります。このように、拡大縮小できる地図を作るときには、紙地図とは違った苦労があります。

② 世界年間出生率

図1　世界年間出生率（スマホ画面）　　　図2　URL の QR コード

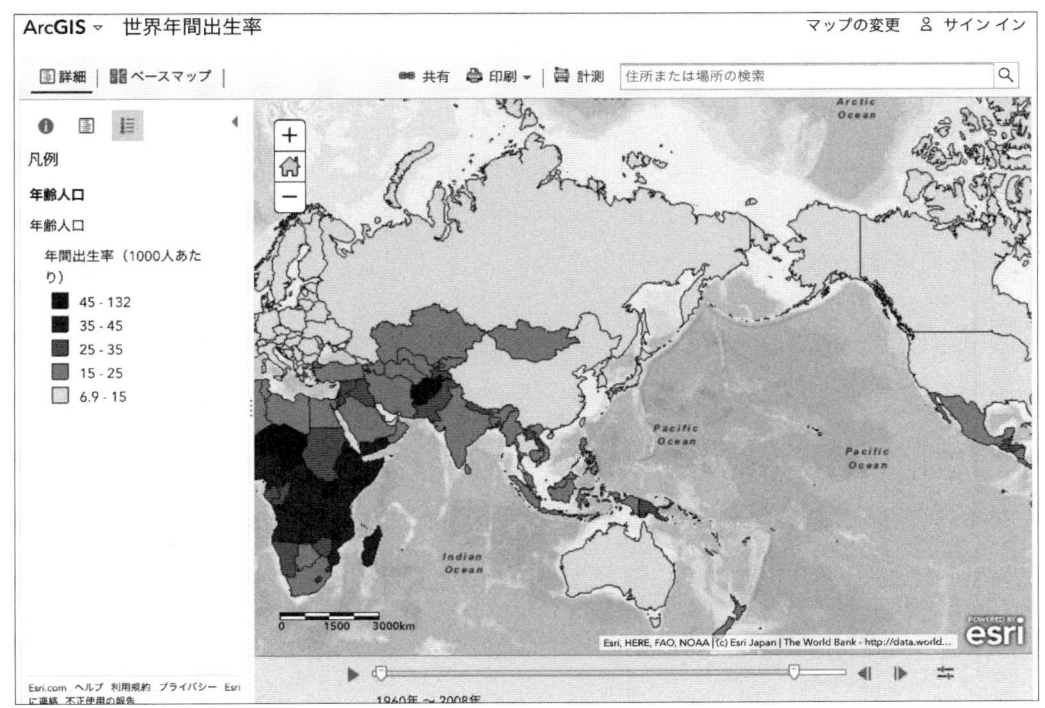

図3　世界年間出生率（PC 画面）

(https://www.arcgis.com/home/webmap/viewer.html?webmap=e39e623b397f44a3b6b8176ba3a0a6f0)

▶どんなことが読み取れる？

　世界年間出生率の図は、世界の国々における 1,000 人あたりの出生率を示したものです。なお、国境線は日本政府の見解と異なることに注意する必要があります。図 1 は、スマートフォンで表示させた世界年間出生率の図です。図 2 の QR コードを読み取ることで簡単に短時間で表示させることができます。図 1 は、アプリケーション加工を行い、スマートフォンで見やすくしています。図 3 が元データであり、パソコンでの表示させた世界年間出生率の図です。また、図 3 の下側にスライドバーがあります。このバーを移動させることによって、1960 年から 2008 年までの変遷を見ることができます。しかし、スマートフォンで見やすく加工するためには、一つの年のみしか表示させることができません。図 1 では、2008 年のデータを使用しています。

　2008 年における世界の年間出生率を示した図をみて、まず目に入るのはアフリカ大陸や西アジア、中央アジアの色が濃くなっていることだと思います。さらに細かく見ていくとアフガニスタンやウガンダ、ニジェールなどの国々で顕著なことがわかります。

　年間出生率の高い国々とは、いわゆる発展途上国です。発展途上国で出生率が高いのには様々な要因があります。例えば以下のような要因が考えられます。

1. 子孫を残すため

　発展途上国では、出生率と同様に死亡率も高くなっています（③世界死亡率の図を参照）。医療技術が発達していないため、生まれてすぐ死んでしまう子どももたくさんいます。また、食糧不足や環境衛生が悪いことも子どもの死亡の原因になります。子孫を残していくために、たくさん子どもを生もうという考え方があります。また、発展途上国において子どもは大きな労働力です。労働力を確保しなければならないが死亡率も高い、このため、より多く生もうという考え方が根付いたと考えられます。

2. 避妊の知識が浸透していない

　発展途上国では、先進国に比べ教育が不十分です。そのため、避妊に関する知識がないことも出生率に大きく関わっていると考えられます。これは、HIV などの性感染症が発展途上国において流行していることにも深く関わっています。

3. 社会情勢との関連

　国の社会情勢と出生率も大きく関連しています。例えば、図から出生率の高い国として読み取ることのできるアフガニスタンでは、これまで長く内戦が続いていました。しかし、近年になって停戦や平和への取り組みが見られ始めています。つまり、以前に比べ子どもを生みやすい環境になったため、出生率が向上したと考えられます。

▶教案例

【新学習指導要領との対応】

A　地図や地理情報システムで捉える現代世界

（1）地図や地理情報システムと現代世界位置や分布などに着目して，課題を追究したり解決したりする活動を通して，次の事項を身に付けることができるよう指導する。

ア　次のような知識及び技能を身に付けること。

（ア）現代世界の地域構成を示した様々な地図の読図などを基に，方位や時差，日本の位置と領域，国内や国家間の結び付きなどについて理解すること。

（ウ）現代世界の様々な地理情報について，地図や地理情報システムなどを用いて，その情報を収集し，読み取り，まとめる基礎的・基本的な技能を身に付けること。

イ　次のような思考力，判断力，表現力等を身に付けること。

（ア）現代世界の地域構成について，位置や範囲などに着目して，主題を設定し，世界的視野から見た日本の位置，国内や国家間の結び付きなどを多面的・多角的に考察し，表現すること。

（イ）地図や地理情報システムについて，位置や範囲，縮尺などに着目して，目的や用途，内容，適切な活用の仕方などを多面的・多角的に考察し，表現すること。

【教案例】

　　まず、図から出生率の高い地域を読み取らせる。アフリカ大陸や西アジア、中央アジアの色が濃くなっていることが読み取れる。さらに細かく見ていくと、アフガニスタンやウガンダ、ニジェールなどの国々で顕著なことがわかる。その後、出生率の高い国々の共通点を考えさせる。共通点として、発展途上国であることが挙げられる。

　　次に、なぜ発展途上国で出生率が高くなっているのか考えさせる。その際、④世界死亡率の図と比較させることで、生徒の考えが広がる。出生率の高い理由としては、「死亡率が高く、子孫を残すためにたくさん子どもを生む」、「労働力確保のため」、「避妊の知識が浸透していない」、「社会情勢との関わり」などが挙げられる。

　　これらからいくつか抽出し、深める学習を行う。例として、「社会情勢との関わり」で、アフガニスタンを扱う。アフガニスタンでは長く内戦が続いていたが、近年、停戦や平和への取り組みが見られている。そのため、以前に比べ、女性が子どもを生みやすい環境になったことが出生率の高い理由として挙げられる。しかし、依然としてテロなども起きており、死亡率も高くなっている。

　　最後に日本との比較を行う。日本においては少子化が問題となっている。しかし、世界に目を向けると、日本とは違い子どもが多く生まれることによる問題が起きており、これらは世界規模の課題であることを知る。

▶データについて

○世界年間出生率の元データ

https://www.arcgis.com/home/webmap/viewer.html?useExisting=1&layers=5b39485c49c44e6b84af126478a4930f

▶分布図の解説

図1や図3を丁寧に読み取ってみましょう。

❶ まず、タイトルを見ましょう。何について書かれているのかがわかります。この図の場合は、「世界の国ごとの年間出生率」を示しています。

なお、「出生率」には、「（普通）出生率」（生まれた子どもの数を人口で割った数）と、「合計特殊出生率」（女性1人が一生で出産する子どもの平均数）があることを知っておく必要があります。この図は「（普通）出生率」です。

❷ つぎに、凡例を見ましょう。凡例の意味、つまり図の作者の意図を読み取ることができます。単位は人口1,000人あたりの人数です。この図の場合は、5段階で色分けをしています。多い方から、45人以上（最大値が132人まであるということもわかります）、35〜45人、25〜35人、15〜25人、15人未満（最小値が6.9人ということもわかります）と、10人刻みになっています。

❸ 図の種類を読み取ります。今回は世界全体を対象としたコロプレス図（階級区分図）です。

❹ 拡大せずに、地球全体の分布について概観しましょう。

＊ポイント1：高いところ、低いところを読み取ります。

最も高いところは、アフリカです。次に高いのは、中南米と中東から中央アジア、南アジア、東南アジアです。低いのは、ヨーロッパ、ロシア、北米、中国、日本、オーストラリアです。

＊ポイント2：知っている知識と重ね合わせます。

発展途上国は高いのに対して、先進国は低そうです。この理由は p.8 に書かれています。

＊ポイント3：予想と違ったところを見ていきます。

日本と比較してみましょう。ヨーロッパでも、アイルランドとアイスランドはやや高いです。ニュージーランドも日本より高いようです。

❺ 興味のある地域を拡大して、その特徴をさらに見てみましょう。

＊ポイント1：日本はいちばん低い分類です。

＊ポイント2：中部アフリカ以外で、いちばん高い階級にあるのは、中央アジアのアフガニスタンです。

＊ポイント3：アフリカでは中部アフリカが最も高く、地中海に向かうにつれ、また南アフリカ共和国に向かうにつれ、低くなっています。

▶さらに一歩進んで

　図1や図3では、凡例の色や段階を変えることはできません。これは、ネット環境やスマホ（パソコン）によらず、できるだけ早く表示できるように工夫したためです。

　もし、凡例の色や段階を変えたいときには、英語表示のため敷居はやや高くなりますが、元データ（https://www.arcgis.com/home/webmap/viewer.html?useExisting=1&layers=5b39485c49c44e6b84af126478a4930f）にアクセスして下さい。隠れている出生率のデータ（これを「属性データ」といいます）を元に、凡例の色や段階を変えることができます。図4では、アフガニスタンの出生率データを表示してみました。

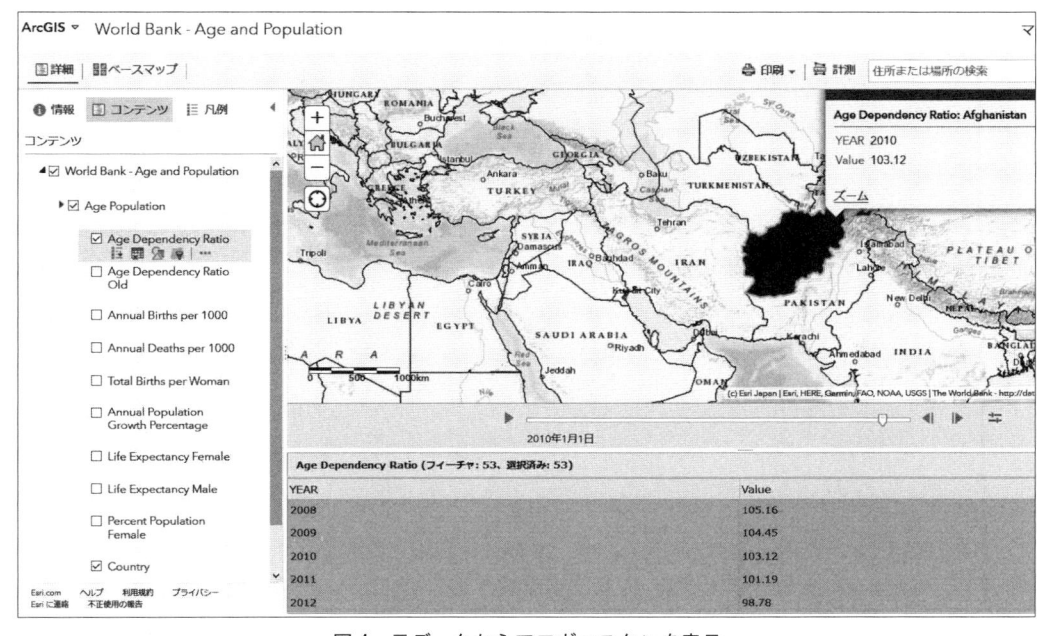

図4　元データからアフガニスタンを表示

③ 世界死亡率

図1　世界死亡率（スマホ画面）　　　図2　URL の QR コード

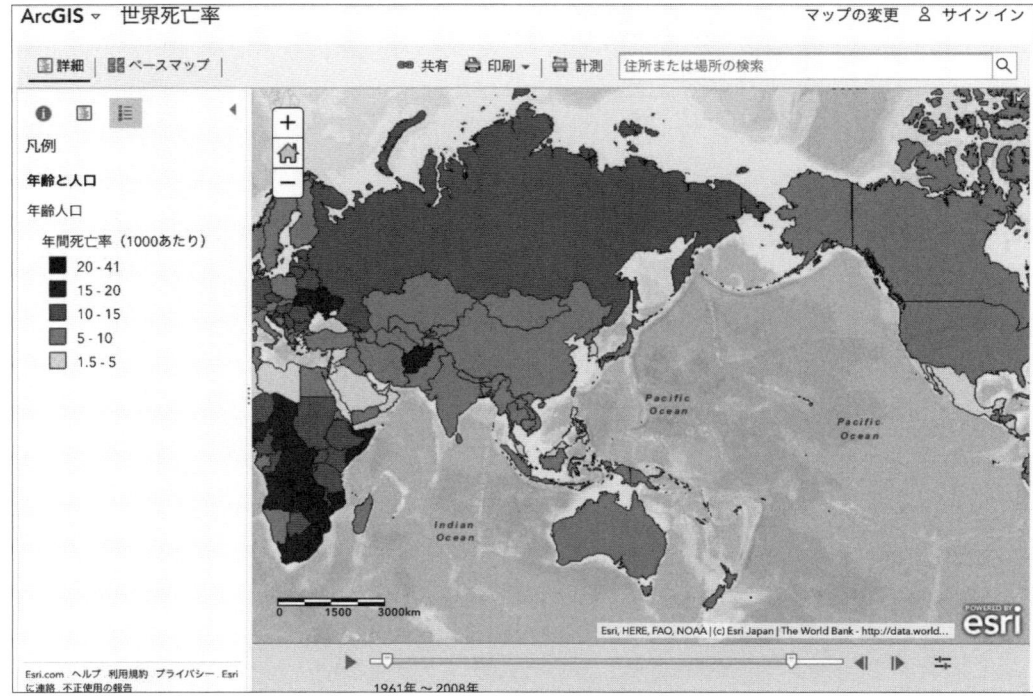

図3　世界死亡率（PC 画面）

(https://www.arcgis.com/home/webmap/viewer.html?webmap=e7ed6c5fdd834d0ba8d9996cefa15a56)

▶どんなことが読み取れる？

　世界死亡率の図は、世界の国々における 1,000 人あたりの死亡率を示したものです。なお、国境線は日本政府の見解と異なることに注意する必要があります。図 1 は、スマートフォンで表示させた世界死亡率の図です。図 2 の QR コードを読み取ることで簡単に短時間で表示させることができます。図 1 は、アプリケーション加工を行い、スマートフォンで見やすくしています。図 3 が元データであり、パソコンでの表示させた世界死亡率の図です。また、図 3 の下側にスライドバーがあります。このバーを移動させることによって、1960 年から 2008 年までの変遷を見ることができます。図 1 では、2008 年のデータを使用しています。

　2008 年における世界の死亡率を示した図をみて、まず目に入るのはアフリカ大陸のサハラ以南の国々の色が濃くなっていることだと思います。また、②の世界年間出生率の図と比較すると、出生率の高い国々と死亡率の高い国々の関連性に気付くことができるのではないかと思います。発展途上国では、多産多死型の人口ピラミッドが描かれるということが図からわかります。

　死亡率が高いのには様々な要因があります。例えば以下のような要因が考えられます。

1. 生活環境衛生が悪い

　死亡率が高い国々では、生活環境衛生が非常に悪いです。水や大気の汚染は死亡率に大きく関わっています。また、生活環境衛生が悪いため、様々な感染症が流行しています。エイズなどはその代表例として挙げることができます。エイズ流行後、死亡率は大きく向上しています。医療技術が発達していない発展途上国では、十分な治療が受けられずそのまま死に至るケースが多いです。特に、免疫力のない子どもたちには大きな影響を与えており、発展途上国の子どもを守るための活動も行われています。

2. 食糧不足

　人口の急増に対して食糧不足が問題となっており、死亡率にも大きな影響を与えています。この食糧不足は、サハラ以南のアフリカにおいて特に問題となっています。サハラ以南のアフリカでは、一次産品の輸出に依存しているモノカルチャー経済の傾向が残っています。そのため、主食となる穀物の生産が拡大しなかったことが原因です。今後も人口が増加していくことが予想される中で、食糧不足はアフリカにおける大きな課題です。

3. 戦争

　当然ながら、死亡率と戦争は大きく関わっています。死亡率が高い国として読み取ることができる多くの国々では、戦争や紛争、内戦が起きています。これらの争いでは、子どもも少年兵として戦場へ送られている現状があります。

▶教案例

【新学習指導要領との対応】

A　地図や地理情報システムで捉える現代世界

（1）地図や地理情報システムと現代世界位置や分布などに着目して，課題を追究したり解決したりする活動を通して，次の事項を身に付けることができるよう指導する。

ア　次のような知識及び技能を身に付けること。

（ア）現代世界の地域構成を示した様々な地図の読図などを基に，方位や時差，日本の位置と領域，国内や国家間の結び付きなどについて理解すること。

（ウ）現代世界の様々な地理情報について，地図や地理情報システムなどを用いて，その情報を収集し，読み取り，まとめる基礎的・基本的な技能を身に付けること。

イ　次のような思考力，判断力，表現力等を身に付けること。

（ア）現代世界の地域構成について，位置や範囲などに着目して，主題を設定し，世界的視野から見た日本の位置，国内や国家間の結び付きなどを多面的・多角的に考察し，表現すること。

（イ）地図や地理情報システムについて，位置や範囲，縮尺などに着目して，目的や用途，内容，適切な活用の仕方などを多面的・多角的に考察し，表現すること。

【教案例】

　　まず、図から死亡率の高い地域を読み取らせる。アフリカ大陸のサハラ以南の国々の色が濃くなっていることがわかる。その後、死亡率の高い国々の共通点を考えさせる。共通点として、発展途上国であることが挙げられる。

　　次に、なぜ発展途上国で死亡率が高くなっているのか考えさせる。その際、②世界年間出生率の図と比較させることで、生徒の考えが広がる。死亡率の高い理由としては、「生活環境衛生が悪い」、「食糧不足」、「戦争」などが挙げられる。

　　これらからいくつか抽出し、深める学習を行う。例として、「生活環境衛生が悪い」で、サハラ以南のアフリカの現状を扱う。サハラ以南のアフリカでは、汚染された大気や水の影響により、様々な感染症が流行している。しかし、十分な医療技術が発達していないため、感染症を止めることができないということが死亡率の高い大きな要因の一つである。また、感染症の例としてとしてエイズが挙げられる。エイズの流行は死亡率に大きな影響を与えた。

　　最後に、日本との比較を行う。日本においては当たり前に、体調が悪い時、病院に行って治療を受けることや水道の蛇口をひねるといつでも安全でおいしい水を飲むことができる。しかし、世界に目を向けると、日本とは違い病気になっても治療を受けられないことや、水を確保することも難しい国々がたくさんあることを知る。

▶データについて

○世界死亡率の元データ

https://www.arcgis.com/home/webmap/viewer.html?useExisting=1&layers=5b39485
c49c44e6b84af126478a4930f

▶分布図の解説

　図1や図3を丁寧に読み取ってみましょう。今回は、②の図1と図3で似たような指標「世界の国ごとの出生率」がありました。これと比較しながら考えると効果的です。

❶ **まず、タイトルを見ましょう。** 何について書かれているのかがわかります。この図の場合は、「世界の国ごとの死亡率」を示しています。

❷ **つぎに、凡例を見ましょう。** 凡例の意味、つまり図の作者の意図を読み取ることができます。単位は人口1,000人あたりの人数です。この図の場合は、5段階で色分けをしています。多い方から、20人以上（最大値が41人まであるということもわかります）、15〜20人、10〜15人、5〜10人、5人未満（最小値が1.5人ということもわかります）と、5人刻みになっています。

　②世界年間出生率の図1や図3と凡例だけを比較しても、出生率と死亡率では、出生率の方がずっと大きな値になっていることがわかります。

❸ **図の種類を読み取ります。** 今回も世界全体を対象としたコロプレス図（階級区分図）です。

❹ **拡大せずに、地球全体の分布について概観しましょう。**

＊ポイント1：高いところ、低いところを読み取ります。

　最も高いところは、アフリカに集中していますが、アフガニスタンとウクライナは周囲に比較して高くなっています。低いところは、中東とマグレブ諸国（北西アフリカ）です。

＊ポイント2：知っている知識と重ね合わせます。

　一般的に、発展途上国は高いのに対して、先進国はやや低そうです。しかし、先進国は少子高齢化が進んでいるために、死亡率が上がってきています。一方で、高齢化の進んでおらず裕福な国は、医療の飛躍的な発達と、安い医療費から死亡率が低くなる傾向にあります。

＊ポイント3：予想と違ったところを見ていきます。日本と比較してみましょう。

　ヨーロッパではドイツとチェコのほか、旧東ヨーロッパの国々で死亡率が高めなことがわかります。韓国は日本よりやや低いようです。

❺ **興味のある地域を拡大して、その特徴をさらに見てみましょう。**

＊ポイント1：日本は下から2番目の分類の中にいます。

＊ポイント2：出生率を示した②の図1や図3と比較して、多産多死型（以前の発展途上国でみられたのですが、現在ではアフリカの一部の国のみ）、多産少死型（人口が急激に増える）、少産多死型（高齢者が増え、人口が減っていく）、少産少死型（人口が少ないまま継続する）に分けられます。

▶さらに一歩進んで

　図1や図3を縮小していくと、南極がとても大きく表示されていることに気づきましたか？　これは、地球儀を見慣れていないと感じないかもしれません。

　地球はほぼ球形なので、距離・面積・角度・形のすべてを同時に平面でうまく表示することはできないのです。そこで、このうちの何かを犠牲にすることにより、目的に合った、見やすい地図を作ることになります。歴史的には、いろいろな図法が考えられてきました。

　現在、Web上でよく使われる図法は、「Webメルカトル図法」です。この図法は、2005年にGoogle社がGoogle Mapに使用したのが最初で、その後、インターネットで地図を表示するときの標準となってきました。

　このWebメルカトル図法には欠点もあります。およそ北緯85度から北極までの間と、およそ南緯85度から南極までの間という、両極付近は表示できません。また、Webメルカトル図法は、メルカトル図法と違って、正しい角度は表示できません。2018年8月には、Google MapはWebメルカトル図法から3D球体モードに変更されました。現在のGoogle Mapは、地図を縮小していくと地球が球体に見えます。

　高校までに習う地図投影法にはメルカトル図法、グード図法、モルワイデ図法などがありました。これらは世界地図に使われています。これに対して、日本でよく使われている座標系は、ユニバーサル横メルカトル図法（UTM図法）で、国土地理院発行の1万分の1の地形図から20万分の1までの地勢図までで使われています。一方、測量や5,000分の1の国土基本図などでは、日本特有の原点を持つ平面直角座標系（いわゆる「19座標系」）が使われています。この平面直角座標系は、高校まででは教えない図法です。

　地図投影法の他に、測地系という言葉もあります。測地系は、地球上の緯度・経度で場所を表す基準のことです。日本ではこれまで3つの測地系が使われてきました。1918〜2002年は「Tokyo測地系」、2002〜2011年は「JGD2000」、そして2011年〜現在は「JGD2011」です。「Tokyo測地系」は、地球全体を統一しなくて良い時代に使われてきましたが、GNSS（いわゆるGPS）の普及により世界統一基準の「JGD2000」に変更され、この変更のときには最大400m程度の補正が必要となりました。その後、2011年3月11日の東北地方太平洋沖地震（いわゆる東日本大震災）で大きな地殻変動があり、数cmの誤差が出たために「JGD2011」に変更されました。数cmは小さな誤差のようですが、土地境界を決める際などには、大きな問題が発生することがあります。

④ 世界の国ごとで最も多い宗教の分布

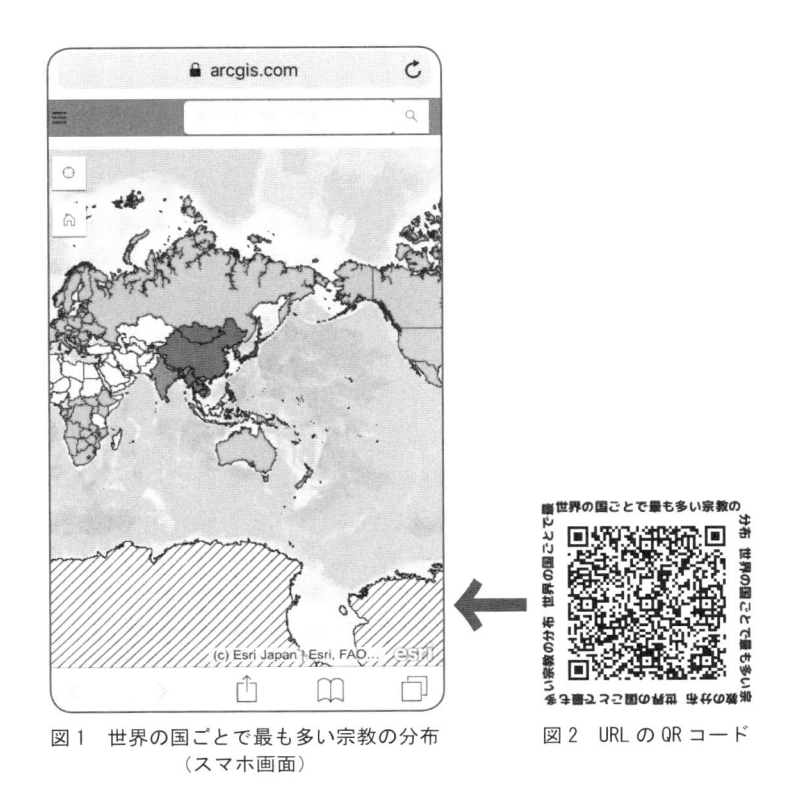

図1 世界の国ごとで最も多い宗教の分布
（スマホ画面）

図2 URL の QR コード

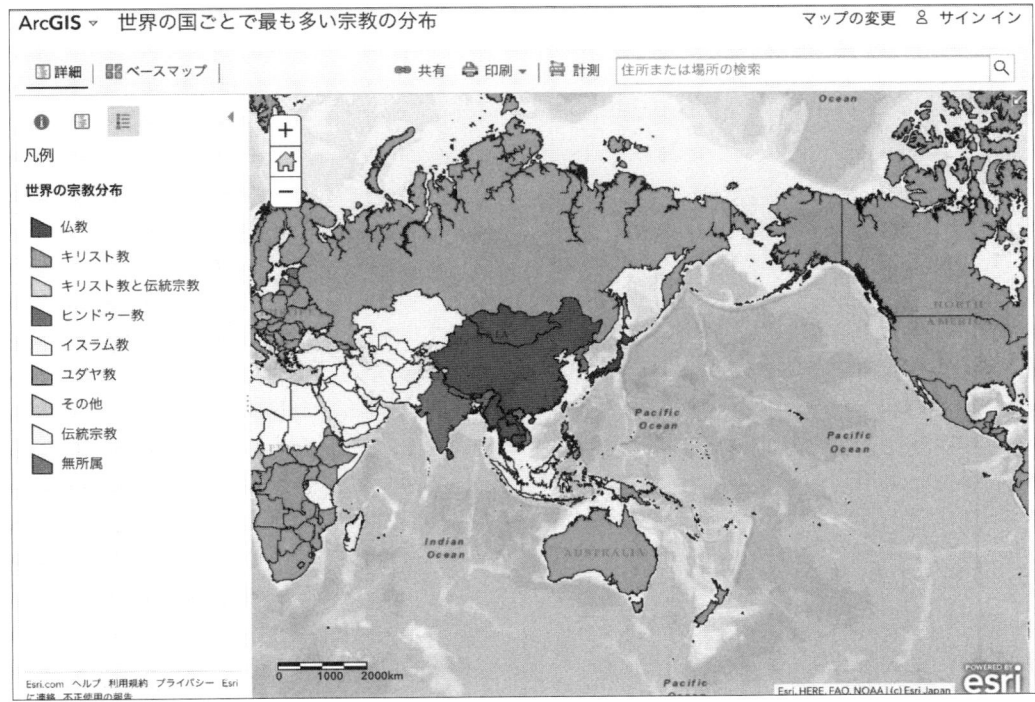

図3 世界の国ごとで最も多い宗教の分布（PC 画面）
(https://www.arcgis.com/home/webmap/viewer.html?webmap=1ccb544c093a44e7a53309435eb57cf4)

▶どんなことが読み取れる？

この図は世界の国ごとで最も多い宗教の分布を示したものです。なお、国境線は日本政府の見解と異なることに注意する必要があります。

次期学習指導要領においては、グローバル化の進展に伴って「自他の文化の尊重」を大切にすることが示されています。さらに、単なる異文化理解にとどまるのではなく、国際理解を促していくために、世界の人々の特色ある生活文化に焦点を当て、その多様性や変容の要因を考察する活動を行うことを求めています。

世界の人々の生活文化の特色を見る際に、宗教の特色を知ることはとても重要です。そこで、この図を用い、宗教がどのように分布しているのかを確認し、学習に入っていくことが想定できます。中学校の既習事項から、さらに深めた課題を設定し、探究的な学習を行っていくことが必要です。探究課題の例としては、「なぜイスラム教を信仰している女性は、暑い地域に住んでいるのに肌の隠れた服を着ているのだろう？」などの衣食住の特色から設定することが考えられるでしょう。この図を用いた授業では、以下のような事例を取り上げることが考えられます。

1. アフリカ大陸での宗教対立

アフリカ大陸を見てみましょう。北部と南部で最も多い宗教が異なることに気づくと思います。北アフリカとサハラ以南のアフリカでは、文化の広がりに大きな違いが見られます。北アフリカは西アジアとのつながりが強いため、イスラム教徒が多くなっています。一方、サハラ以南のアフリカでは、ヨーロッパの植民地になっていた国が多く、その影響からキリスト教徒が多いです。境界線の中央アフリカでは、イスラム教徒とキリスト教徒の宗教対立が起きています。2013 年には、2 日間で約 1,000 人が殺害されるという対立も起きました。

2. 食と宗教

食と宗教は深く関わっています。1 つはある特定の食べ物を禁じているということがあります。食べられないものは宗教によって異なります。例えば、ヒンドゥー教徒は、牛を食べることができません。ヒンドゥー教では牛を聖なる動物としているからです。また、不殺生の教えから、肉を食べず菜食主義者も多いです。イスラム教徒は豚肉や血の残った肉、異教徒によって処理された肉を食べません。これは、不浄なものという認識があるからです。また、お酒を飲むことも禁じられています。

3. 衣服と宗教

食と同様に衣服も宗教と深く関わっています。例えば、イスラム教徒の女性はヒジャブという頭髪を覆い隠すためのスカーフのような布を身にまとっています。また、ヒンドゥー教徒の男性のターバンや女性のサリーなど、宗教ごとに特徴的な衣服があります。

▶教案例

【新学習指導要領との対応】

　B　国際理解と国際協力

（1）生活文化の多様性と国際理解

場所や人間と自然環境との相互依存関係などに着目して，課題を追究したり解決したりする活動を通して，次の事項を身に付けることができるよう指導する。

ア　次のような知識を身に付けること。

（ア）世界の人々の特色ある生活文化を基に，人々の生活文化が地理的環境から影響を受けたり，影響を与えたりして多様性をもつことや，地理的環境の変化によって変容することなどについて理解すること。

（イ）世界の人々の特色ある生活文化を基に，自他の文化を尊重し国際理解を図ることの重要性などについて理解すること。

イ　次のような思考力，判断力，表現力等を身に付けること。

（ウ）世界の人々の生活文化について，その生活文化が見られる場所の特徴や自然及び社会的条件との関わりなどに着目して，主題を設定し，多様性や変容の要因などを多面的・多角的に考察し，表現すること。

【教案例】

　　まず、子どもたちに知っている宗教を挙げさせる。これは、中学校での既習事項であるため、キリスト教・イスラム教・仏教の三大宗教、ヒンドゥー教はすぐに出てくると考えられる。それを踏まえ、図を用いて、世界の国ごとで最も多い宗教の分布を見ていく。それぞれの宗教の特徴を示す写真などを用いながら展開するとよい。

　　図から読み取れることとして、アフリカ大陸の北部とサハラ以南で宗教が異なることが読み取れる。北アフリカとサハラ以南のアフリカでは、文化の広がりに大きな違いが見られる。北アフリカは西アジアとのつながりが強いため、イスラム教徒が多くなっている。一方、サハラ以南のアフリカでは、ヨーロッパの植民地になっていた国が多く、その影響からキリスト教徒が多くなっている。宗教の境界線でどのようなことが起こりうるか生徒に考えさせる。おそらく「対立」という言葉が出てくると考えられる。実際に、中央アフリカではイスラム教徒とキリスト教徒の宗教対立が起きている。

　　また、それぞれの宗教の特徴を深めていくことも必要である。宗教の特徴から探究課題を設定し、その文化や教えが広がった背景・理由を生徒に調べさせる活動も有効である。例えば、「宗教と食」で宗教別に調べ学習を行わせる。すると、生徒はイスラム教で豚肉、ヒンドゥー教で牛肉を食べることを禁じていることを知る。しかし、禁じている理由は異なる。イスラム教では、豚を不浄な動物という認識があるからである。一方、ヒンドゥー教で牛肉を食べない理由は、牛を神聖な動物としているからである。

▶データについて

○世界の宗教分布の元データ

https://www.arcgis.com/home/webmap/viewer.html?useExisting=1&layers=dbddb5f6
2a1647f791a1c5d422578782

▶分布図の解説

図1や図3を丁寧に読み取ってみましょう。

❶ **まず、タイトルを見ましょう。** 何について書かれているのかがわかります。この図の場合は、「世界の国ごとで最も多い宗教の分布」を示しています。

❷ **つぎに、凡例を見ましょう。** 凡例の意味、つまり図の作者の意図を読み取ることができます。この図では凡例が9つに分かれています。一般には三大宗教とよばれている仏教、キリスト教、イスラム教とヒンドゥー教のほかに、「キリスト教と伝統宗教」（カメルーン）、ユダヤ教（イスラエルとエスワティニ（旧スワジランド））、その他（チェコ）、伝統宗教（マダガスカルとトーゴ）、無所属（エストニア、ラトビア、韓国、北朝鮮、ベトナム）です。なお、最新データ（CIA 2019）に当たったところ、これらの国々の凡例を再編した方が良いかもしれません。すなわち、仏教（北朝鮮）、キリスト教（カメルーン、エスワティニ、エストニア、ラトビア）、「キリスト教と伝統宗教」（マダガスカル）、ユダヤ教（イスラエル）、その他（無し）、伝統宗教（トーゴ）、無宗教（チェコ、ベトナム、韓国）です。このように、元データ（ESRI Canada Education）をそのまま使うのではなく、今後は検討が必要です。

❸ **図の種類を読み取ります。** 今回は世界全体を対象とした個別値の主題図です。これまでの図と違って、凡例の色は値の大小を表していません。

❹ **拡大せずに、地球全体の分布について概観しましょう。**

＊ポイント1：分布の特徴を見ます。

　主な宗教をみると、ヒンドゥー教はインドとネパール、仏教は東〜東南アジアとスリランカ、イスラム教は中東・中央アジア・東部アフリカ・インドネシアに分布しており、その他のほとんどはキリスト教です。

＊ポイント2：知っている知識と重ね合わせます。

　イスラム教は砂漠地帯だけでなく、イスラム商人が活躍したインド洋交易圏（東アフリカとインドネシア）にも広がっています。キリスト教は、ヨーロッパの植民地化拡大とともに南北アメリカ大陸やアフリカ大陸中南部にまで広がりました。

＊ポイント3：予想と違ったところを見ていきます。

　最新の元データ(CIA 2019)をみると、日本は「神道70.4％、仏教69.8％、キリスト教1.5％、その他6.9％（2015年推計）。注記：合計が100％を越えるが、これは多くの人々が神道と仏教の両方を信仰しているため。」と書かれています。確かに日本人は、神社にも仏閣にもお参りに行きます。

▶さらに一歩進んで

　図1や図3をみると、国ごとに同じ色で塗られていることがわかると思います。例えばモンゴルのように、飛び地のない国であれば、1つの図形だけを塗りつぶすだけで良いので、比較的簡単です。一方で、日本は島国で多くの島から成り立っているので、多くの図形を一度に塗り替えなければならない、という面倒さがあります。GISでは、図形データと属性データが連係しており、たとえば「日本」としてまとめられた図形（つまり島）すべてが、一度に塗り替えられます。逆に言うと、多くの図形を「日本」としてまとめていくのはかなりたいへんな作業になります。

　本書では、すでに準備しているデータの表示をしていますが、実際にこうした図を作るにはどうすれば良いでしょうか？　巻末に示すArcGIS onlineを使うのが簡単かもしれませんが、無料の機能はかなり制限されています。パソコンを使うことができれば、MANDARA（マンダラ）という無料ソフトが使いやすいと思います。この無料ソフトは、埼玉大学の谷 謙二先生が作成されているソフトウェアで、頻繁にアップデートが行われています。それに、世界の国や日本の都道府県・市区町村データが準備されています。なお、このソフトウェアはMicrosoft Windowsパソコン上でのみインストール可能で、MacやLinux、スマホなどには対応していません。また、QGISという高機能な無料ソフトもありますが、使用方法はMANDARAほどやさしくはありません。

図4　MANDARAのホームページ
(http://ktgis.net/mandara/)

⑤ 原油の輸入

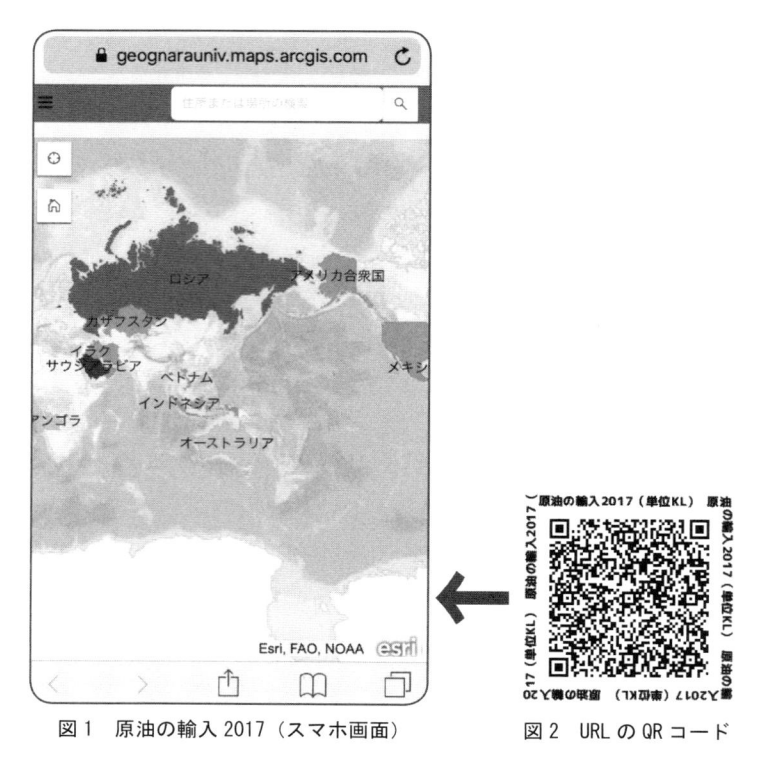

図1 原油の輸入 2017（スマホ画面）

図2 URL の QR コード

図3 原油の輸入 2017（PC 画面）

(https://www.arcgis.com/home/webmap/viewer.html?webmap=0e78fc977b594cb3a124daedc4388c6)

▶どんなことが読み取れる？

　原油の輸入 2017 の図は、2017 年における日本への原油の輸入量を示したものです。なお、国境線は日本政府の見解と異なることに注意する必要があります。

　図 1 は、スマートフォンで表示させた原油の輸入 2017（単位 KL：キロリットル）の図です。図 2 の QR コードを読み取ることで簡単に短時間で表示させることができます。図 1 は、アプリケーション加工を行い、スマートフォンで見やすくしています。図 3 が元データであり、パソコンでの表示させた原油の輸入 2017 の図です。

　次期高等学校学習指導要領解説「地理総合」の中において、例示として生徒が GIS を用いた作図を行い、資料を作成することを示す記述があります。解説の p.47 に例示されている「GIS を活用して主要な貿易品について異なる年次の日本の貿易相手国を示した地図を作成し」について、一例としてこの図を作成しました。

　この原油の輸入 2017 を示した図をみて、まず目に入るのはサウジアラビアの色が濃くなっていることだと思います。2017 年における世界の原油（石油）生産量で、サウジアラビアはアメリカに次いで世界第 2 位です。また、原油（石油）の埋蔵量においてもベネズエラについで第 2 位と世界で有数の原油（石油）大国です。この原油の輸入 2017 を用いた学習として以下のような事例を取り上げることが考えられます。

1. 日本とサウジアラビアの関係

　前にも述べたように、サウジアラビアは石油大国です。図からわかるように、日本にたくさんの原油を輸出しています。1974 年に勃発した第 4 次中東戦争の影響で、日本は「石油危機」に陥りました。これを背景に、1975 年「日本サウジアラビア経済及び技術協力に関する協定」が結ばれました。その後も日本とサウジアラビアの経済交流は大きく発展し、2017 年には、首脳会談において、日本政府のサウジアラビア進出を促す経済特区新設や、エネルギーやインフラなど幅広い分野での協力を定めた「日・サウジ・ビジョン 2030」が合意されました。

2. 日本で原油は採れないの？

　子どもはこの図を見て「日本で原油は採れないの？」という疑問を持つかもしれません。日本でも原油は採れます。日本には北海道や秋田県、新潟県などに油田があります。現在、99.6％の原油は海外から輸入されたものです。国内でとれる原油の量は、1 年間国内で使用する量と比較すると、約 1 日分ほどしか採れません。

3. 新しいエネルギーについて

　学習を広げ、輸入に依存しない新しいエネルギーについて触れることもよいと思います。例えば、原子力を取り上げ、その有効性と危険性について学習することなどが挙げられます。

▶教案例

【新学習指導要領との対応】

> A　地図や地理情報システムで捉える現代世界
>
> （１）地図や地理情報システムと現代世界位置や分布などに着目して，課題を追究したり解決したりする活動を通して，次の事項を身に付けることができるよう指導する。
>
> ア　次のような知識及び技能を身に付けること。
>
> （ア）現代世界の地域構成を示した様々な地図の読図などを基に，方位や時差，日本の位置と領域，国内や国家間の結び付きなどについて理解すること。
>
> （ウ）現代世界の様々な地理情報について，地図や地理情報システムなどを用いて，その情報を収集し，読み取り，まとめる基礎的・基本的な技能を身に付けること。
>
> イ　次のような思考力，判断力，表現力等を身に付けること。
>
> （ア）現代世界の地域構成について，位置や範囲などに着目して，主題を設定し，世界的視野から見た日本の位置，国内や国家間の結び付きなどを多面的・多角的に考察し，表現すること。
>
> （イ）地図や地理情報システムについて，位置や範囲，縮尺などに着目して，目的や用途，内容，適切な活用の仕方などを多面的・多角的に考察し，表現すること。

【教案例】

> 　まず、子どもたちに「原油はどんなことに用いられているか」イメージで答えさせる。すると、車のガソリンなど動力源としてのイメージや暖房など熱電としてのイメージが多く出てくると考える。その後、原油がどのように使われているのか解答を提示する。石油情報センターの公開している石油の消費割合（https://oil-info.ieej.or.jp/whats_sekiyu/1-10.html）をみると、熱源 40％、動力源 40％、原料・その他 20％という割合になっている。原料・その他とは、私たちの身近に多くあるプラスチック製品や化学繊維の服などのことである。そこで、「教室の中にある原油を使った製品探し」などを行うこともよいと考える。これらの活動を通して、私たちの生活と原油は大きく関わっていることを知ることができる。
>
> 　次に、原油がどこからやってきているのか考えていく。ここでも生徒に予想を立てさせることが必要である。予想を立てた後、図を用いて原油の輸入量についてみていく。図から、石油大国であるサウジアラビアから多く輸入していることが読み取れる。
>
> 　そこで、日本とサウジアラビアの関係についてみていくことも必要である。例えば、2017 年に首脳会談において合意された、日本政府のサウジアラビア進出を促す経済特区新設や、エネルギーやインフラなど幅広い分野での協力を定めた「日・サウジ・ビジョン 2030」などを取り上げるとよい。
>
> 　また、原子力やバイオマスなど新しいエネルギーについて触れることも必要である。

▶データについて

○原油の輸入 2017 の元データ

「石油統計年報」『経済産業省』

http://www.meti.go.jp/statistics/tyo/sekiyuka/index.html#menu2

▶分布図の解説

　図 1 や図 3 を丁寧に読み取ってみましょう。

❶ **まず、タイトルを見ましょう。** 何について書かれているのかがわかります。この図の場合は、「（日本の）原油の輸入先（2017 年）」を示しています。

❷ **つぎに、凡例を見ましょう。** 凡例の意味、つまり図の作者の意図を読み取ることができます。この図では、日本が 2017 年に原油を輸入した量が KL（キロリットル：1 リットルの 1,000 倍で、1m3 に相当）単位で表されています。

　この図の場合、輸入先を 5 段階で色分けをしています。多い方から、5,000 万 KL 以上（最大値が 7,517 万 6,583KL であることもわかります）、1,000 万〜 5,000 万 KL、100 万〜 1,000 万 KL、10 万〜 100 万 KL、10 万 KL 未満（最小値が 26,917KL であることもわかります）と、等間隔ではありません。つまり、いちばん下の段階からいちばん上の段階まで 500 倍以上（最小値と最大値では 2,793 倍）あり、大きな差があることがわかります。

❸ **図の種類を読み取ります。** 今回は世界全体を対象としたコロプレス図（階級区分図）です。

❹ **拡大せずに、地球全体の分布について概観しましょう。**

＊ポイント 1 ：分布の特徴を見ます。

　サウジアラビアなど中東の国々がとても多いことがわかります。つぎにロシア、そしてアメリカ合衆国・ベトナム・インドネシアが多いです。イギリス・ガーナ・アンゴラという大西洋に面した国や、カザフスタンという内陸国からも原油を輸入していることがわかります。

＊ポイント 2 ：知っている知識と重ね合わせます。

　中東の国は、小さい国があるので拡大が必要です（次ページの図 4）。ロシアは広いですが、サハリン油田は北海道のすぐ北にあります。イギリスは北海油田が有名です。

＊ポイント 3 ：予想と違ったところを見ていきます。

　カザフスタンは内陸国なので、日本までタンカーでの輸送ができません。（ヴォルガ・ドン運河は 5,000 トンの船までしか通れないため。）このため、パイプラインを使って黒海まで輸送し、そこからタンカーで輸送していると思われます。

　なお、日本の原油生産量は、2017 年で 54 万 8,145KL（経済産業省 2018）であり、日本で消費された原油の 0.29％にすぎませんが、図 1 や図 5 と同じ凡例で示そうとすると、下から 2 番目の階級になります。

▶さらに一歩進んで

　図1や図3をみると、面積の広いロシアが目立っています。また、内陸国のカザフスタン、アフリカのガーナやアンゴラからも、日本は原油を輸入していることがわかります。一方で、中東で目立つのはサウジアラビアだけで、イランやイラク、オマーンなどはアメリカ合衆国やカザフスタンと同じ階級にあることが読み取れます。

　同じデータですが、中東地域を拡大した図が図4です。

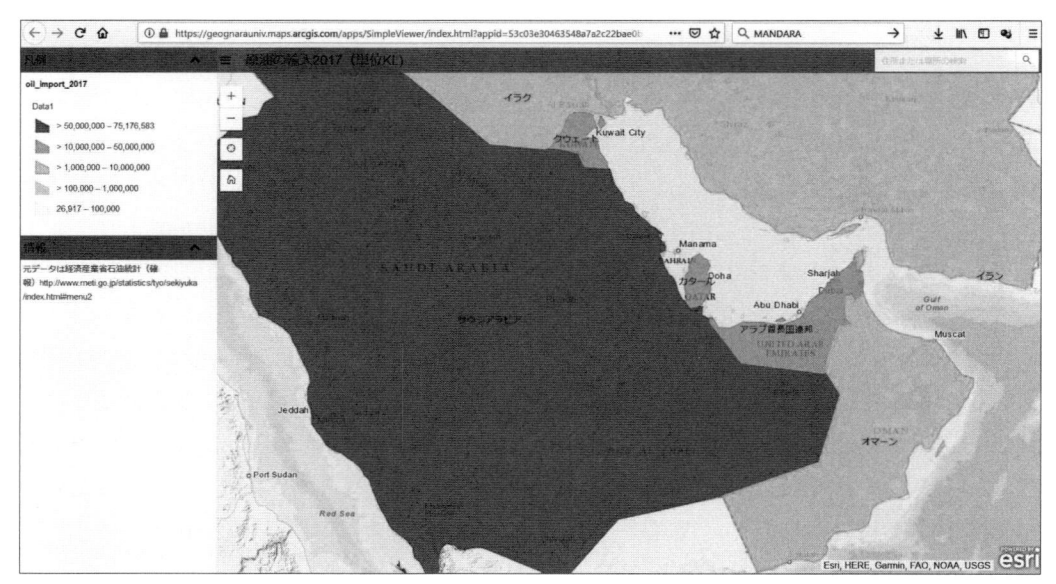

図4　原油の輸入（2017年）　中東地域を拡大

　図4をみると、サウジアラビアは最上位の階級ですが、その次の階級にアラブ首長国連邦、カタール、クウェートの3カ国があることがわかります。「日本は中東地域から原油を多く輸入している」という予備知識があれば図4のように拡大してみようと思いますが、そうでないと拡大することはないでしょう。その結果、図1と図3の世界地図だけを見て、「サウジアラビアの次に多いのはロシア」と言ってしまう懸念があります。しかし実際の統計を見ると、サウジアラビア、アラブ首長国連邦、クウェート、カタールからはそれぞれロシアからの7.1倍、4.3倍、1.3倍、1.3倍もの量を輸入しています。

⑥ 植生分布図

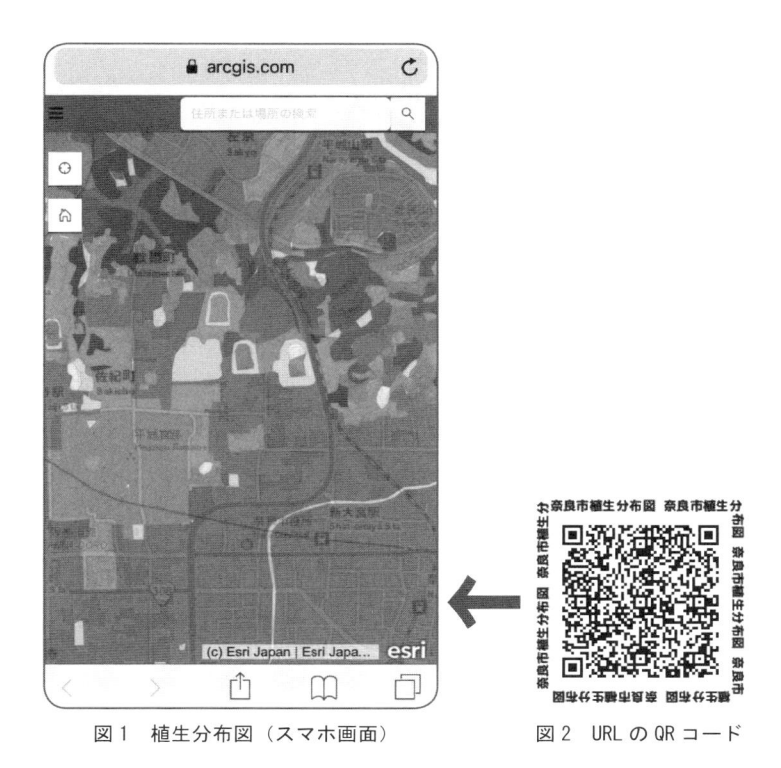

図1　植生分布図（スマホ画面）　　　図2　URL の QR コード

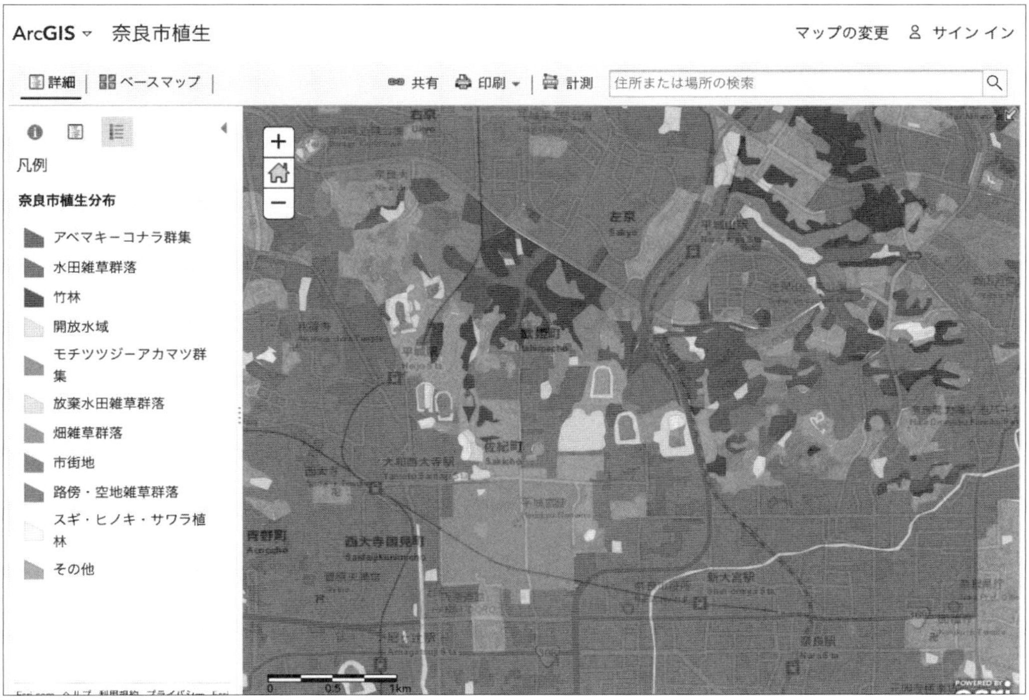

図3　植生分布図（PC 画面）

(https://www.arcgis.com/home/webmap/viewer.html?webmap=cada0c7e156648c1a4301695324cd715)

▶どんなことが読み取れる？

　この植生分布図は、奈良市における植生分布を示したものです。環境省の自然環境局生物多様性センターの公開しているデータを基に作成しました。

　みなさんは、自分の周りの植生をご存知でしょうか。身近な地域の植生に目を向ける機会は意外とないのではないでしょうか。そこで、この図を用いて、生徒にとって身近な地域の植生を調べ、実際に植生の境界を見に行くという活動を展開することができます。近年、学校現場における体験学習の充実が求められています。この図を用いてフィールドワーク等を行うことで、より質の高い体験学習を実現できると思います。また、この図は生物科などと関連付けた教科横断的な学習を展開していくことができます。

　この図を用いた授業では、以下のような事例を取り上げることが考えられます。

1. 環境問題

　この図を用いた学習では、身近な環境問題から世界規模の環境問題へと視野を広げていくことができると考えます。日本及び世界ではさまざまな環境問題が起きています。例えば、みなさんがよく耳にする環境問題として「地球温暖化」が挙げられます。地球温暖化には森林伐採や森林破壊が要因の一つとされています。身近な環境を守っていく方法を考える活動から世界へ目を向け視野を広げていく活動が必要であると考えます。

　また環境保全の取り組みについて学習することも大切です。例えば、植林などの事例を挙げて学習を広げていくことが考えられます。また、各自治体で取り組んでいる環境保全対策につなげることも可能です。

2. フィールドワークでの活用

　この図を用いてフィールドワークを行うことが想定できます。生徒は自分たちの住む地域の植生の広がりについて知ることで、身近な自然に目を向ける面白さを感じるでしょう。植生の境目がどのようになっているのかを観察することができます。また、植生ごとの特徴をまとめ、班ごとにプレゼンテーションをすることで生徒の主体的な学習につながると思います。

3. 専門機関との連携

　この図を用いる単元においては、高等学校の近くの大学や自然環境の専門機関と連携することで、よりよい学習につながると考えます。近年、仕事内容が専門機関との連携を進める「チーム学校」が言われています。フィールドワークをしながら専門家の話を聞くことで、生徒は身近な自然環境に興味を持つでしょう。いつも見ている木々の秘密やそこに住む生き物を知ることは、豊かな心を育んでいくことにつながります。

▶教案例

【新学習指導要領との対応】

C　持続可能な地域づくりと私たち

（2）生活圏の調査と地域の展望

空間的相互依存作用や地域などに着目して，課題を探究する活動を通して，次の事項を身に付けることができるよう指導する。

ア　次のような知識を身に付けること。

（ア）生活圏の調査を基に，地理的な課題の解決に向けた取組や探究する手法などについて理解すること。

イ　次のような思考力，判断力，表現力等を身に付けること。

（ア）生活圏の地理的な課題について，生活圏内や生活圏外との結び付き，地域の成り立ちや変容，持続可能な地域づくりなどに着目して，主題を設定し，課題解決に求められる取組などを多面的・多角的に考察，構想し，表現すること。

【教案例】

　　まず、身近な地域の自然について、どんな植生が広がっているのかを生徒に問いかける。多くの生徒が具体的に答えられないことが想定できる。そこで、実際にフィールドワークを行い、身近な地域の植生について調べていくことを伝える。

　　図を用い、事前学習を行う。どのような地域にどのような植生が広がっているのか、またその境目の位置などのメモをさせる。その際、班ごとにエリアを分け、エリアごとのエキスパート班を作るとよい。

　　次に、実際にフィールドワーク活動をおこなう。近隣の大学や生物環境センター等、ネイチャーガイド等と連携をすることでよりよい授業になると考える。ここでは、学外に出ることとなるため、生徒へ約束事項や注意事項をしっかりと伝えることに留意する必要がある。

　　活動では、高等学校や生徒の自宅付近の植生を調べ、実際に植生の境界を見に行く活動を行う。観察を通して、植生ごとの特徴を知る。また、各エリアでエキスパート班に植生分布の特徴について説明をさせる。その際、必要に応じて教員や専門機関から補足を入れていく。生徒には、身近な環境に目を向けることの楽しさを教える。

　　学校に戻ってから、各班で調査内容をまとめる活動を行う。ここでは、事前学習との相違点や植生の境界線の様子等をまとめさせる。そして、エキスパート班ごとにプレゼンテーションを行わせ全体で身近な地域の植生の特徴をまとめる活動を行う。

▶データについて

○植生分布図の元データ

「自然環境調査 Web-GIS」『生物多様性センター（環境省 自然環境局）』

http://gis.biodic.go.jp/webgis/index.html

▶分布図の解説

　図1や図3を丁寧に読み取ってみましょう。

❶ まず、タイトルを見ましょう。何について書かれているのかがわかります。この図の場合は、「奈良市の植生分布」を示しています。なお「植生」というのは、ある対象地域に生育している植物の集団の状態のことです。また、この図は2万5千分の1地形図「奈良」と同じエリア（国土メッシュで523506）のみが表現されています。

❷ つぎに、凡例を見ましょう。凡例の意味、つまり図の作者の意図を読み取ることができます。この図では凡例が11分類に分かれています。このうち、開放水域（空から見える水面）と市街地は「植生」ではなく土地被覆状態といえます。アベマキ–コナラ群集はアベマキ・コナラとも高木の落葉広葉樹で、いわゆる西日本の雑木林です。モチツツジ–アカマツ群集は、高木層にアカマツが特徴的に見える植生で、モチツツジは低木です。「その他」は、この図を作るときに、いくつかの植生を合わせたもので、環境省自然環境局生物多様性センターの自然環境調査 Web-GIS（http://gis.biodic.go.jp/webgis/）では元データを見ることができます。

❸ 図の種類を読み取ります。今回は奈良市周辺を対象とした個別値の主題図です。凡例の色は値の大小を表しておらず、個々の植生を表しています。

❹ 拡大せずに、地球全体の分布について概観しましょう。

＊ポイント1：分布の特徴を見ます。

　古くからの町やニュータウンは市街地ですが、その周辺には、様々な植生があります。

＊ポイント2：知っている知識と重ね合わせます。

　この地域で特徴的なものは古墳です。古墳には堀が巡らされており、堀の内側の陵墓のところは、植生があることがわかります。この地域には竹林も多くあります。この1時点だけでは説明できませんが、竹林はどんどん拡大しています。

＊ポイント3：予想と違ったところを見ていきます。

　図では植生どうしの境界は線で区切られていますが、例えば、アベマキ–コナラ群集とモチツツジ–アカマツ群集の境界は明確でないことが一般的です。元データでは春日山原生林は「カナメモチ–コジイ群衆」、平城宮跡は「ゴルフ場・芝地」と違った分類でしたが、この図では「その他」として統合しています。こうした点も誤解を生まないように説明が必要でしょう。

▶さらに一歩進んで

　図3にはスケールバー（距離の凡例）と色塗りの凡例がついていますが、図1にはスケールバーも色塗りの凡例もついていません。また、図1にも図3にも、方位記号はついていません。紙地図では必要不可欠だったこうした情報が、インターネット上のGIS上では欠落することがあります。

　方位については、紙地図上でも同様ですが、「表示がなければ北が上」という暗黙の了解があります。一般的に「北」といっても実は「真北」と「磁北」「方眼北」があります[*1]。「真北」は北極点の方向で、北極点と南極点を通る線が子午線ですから、地図の上はこの「真北」になります。また「方眼北」は紙地図の図郭線の方向でしたが、今回使用しているWebメルカトル図法では「真北」と同じです。一方で、「磁北」は方位磁石が指すN極の方向で、「真北」からは少しずれています。「真北」から「磁北」へのずれを磁気偏角といい、日本付近では約6〜10度、西側にずれています（図4）。

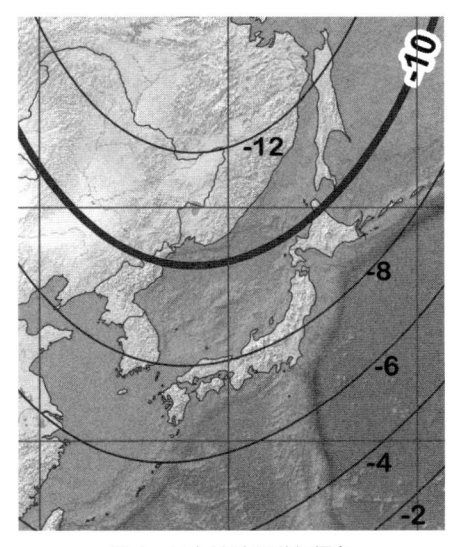

図4　日本付近の磁気偏角
（単位は度、マイナスは西向きを表している。2019年5月現在。https://ngdc.noaa.gov/geomag/WMM より）

　北半球にある磁極は「北磁極」とよばれ、北磁極は毎年動いています。特に最近では動きが速く、1年間に55kmくらい移動しています。スマホなどで使用されているナビゲーションシステムには、方位を計算する機能が内蔵されていますが、誤差が大きくならないようにするために、最近では2019年2月に、この計算式が変更されました。

　さて、スマホの画面は小さいため、スケールバーや色塗りの凡例を表示すると地図を表示するスペースが小さくなってしまいます。このため、スケールバーや凡例が表示されることは稀です。なお、パソコン版では、凡例が左側に出てきます。

*1　長浜春夫・斎藤洋彦・岡 重文 1987. 地図の北「真北・磁北・方眼北」の表現法. 応用地質,
　　28-1, pp. 25-34.

⑦ 町丁別人口マップ

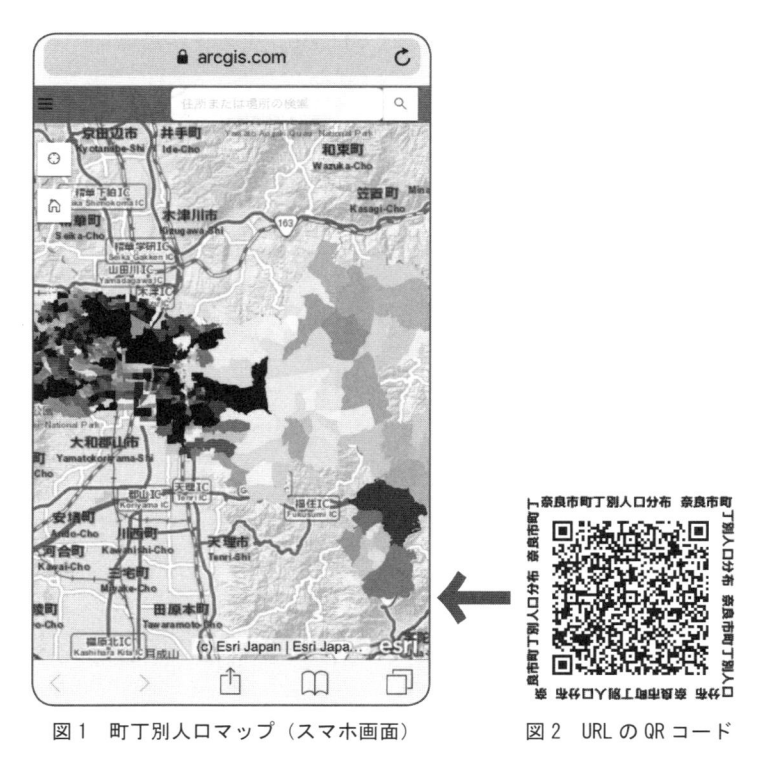

図1　町丁別人口マップ（スマホ画面）

図2　URL の QR コード

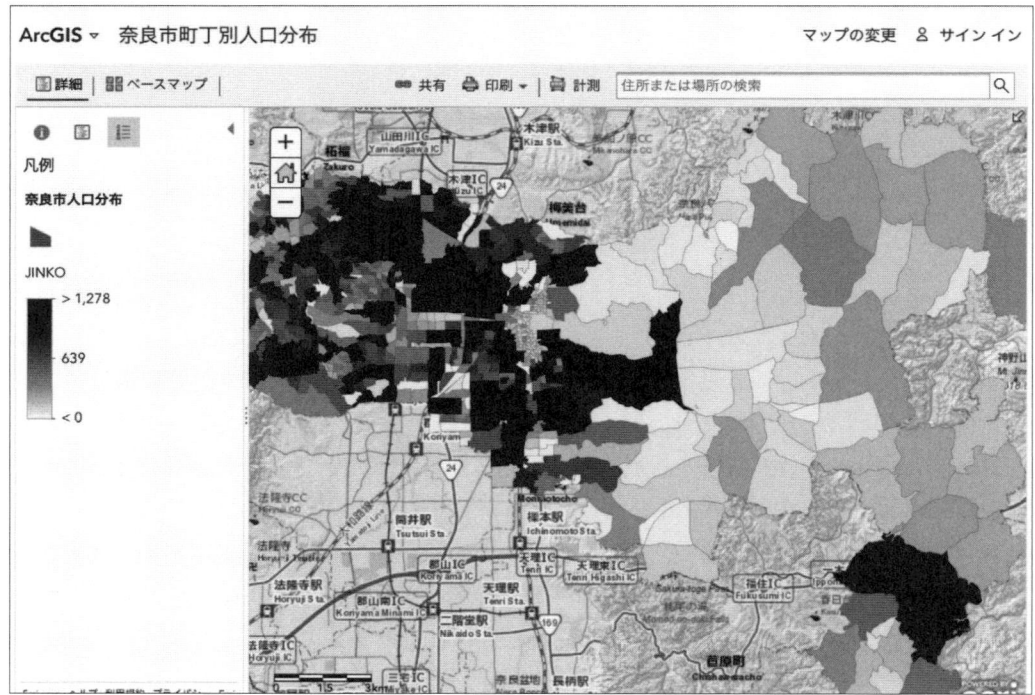

図3　町丁別人口マップ（PC 画面）

(https://www.arcgis.com/home/webmap/viewer.html?webmap=85c451feb2e845a1a85ecf5a9630db11)

▶どんなことが読み取れる？

　この図は奈良市の町丁別人口分布を示したものです。総務省統計局の国勢調査データより作成しました。

　自分たちの住んでいる県や市の人口は目にする機会があると思います。しかし、町丁別はどうでしょうか。この図を用いて自分の住んでいる市をミクロな視点で見ることで、地域の特徴を明らかにしていくことができます。図を用いて、人口と対応しているものを生徒に考えさせます。例えば、町丁別人口の図と、ニュータウンの位置や旧市街地の位置、農山村の位置などを重ね合わせ、地域の特徴を明らかにすることや鉄道や主要道路と人口の対応を見ていくこと、ベースマップを空中写真や起伏図に変えることで自然環境と人口の対応を見ていくことができるでしょう。

　また、この図をベースマップとし、さまざまなレイヤーを重ねることで多様な観点から身近な地域を学習できます。さらに、町丁の広さが地域によって異なる理由を考えさせることもできるでしょう。

1. ベッドタウン

　奈良県の人口は高度経済成長期に、大阪都市圏に勤務する人のベッドタウンとして大きく増加しました。現在も奈良県の県外就職率は全国1位です。2010年の奈良県の常住地による就業者数（夜間人口）は 596,252 人で、うち 167,994 人が県外で就職しています。県外就職率は 28.4%と全国で最も高くなっています。

　ベッドタウンになる要因としては、都市部に比べ地価・家賃等が安いこと、都市部までの距離が近く通勤に便利であること、豊かな自然や公園、大型ショッピングセンターがあり子育てがしやすいことなどが挙げられます。

2. ニュータウン

　1. でも述べましたが、高度経済成長期に奈良県の人口は、ベッドタウンとして大きく増加しました。それに伴い、ニュータウンの開発が始まりました。図からも、京都との境目にある平城ニュータウンでは人口が多くなっていることがわかります。

3. 農山村部の現状

　人口と自然環境は対応しています。図を見てみましょう。人口が多い地域は盆地です。この図の対象地域である奈良盆地は奈良県の総面積の8%を占めるにすぎませんが、県の人口の約9割を占めています。一方、農山村部では高齢化が進み、人口が少なくなっています。高度経済成長期以降、若者が職を求めて都市部に出ていきました。その結果、農山村部での過疎化が進むことへとつながりました。

　近年、都市部から遠く離れた村落では、人口の 50%以上が 65 歳以上の高齢者によって構成される農山村も見られるようになってきています。このような村落では、共同体としての機能も維持することが困難となっている現状があります。

▶教案例

【新学習指導要領との対応】

> C　持続可能な地域づくりと私たち
> （2）生活圏の調査と地域の展望
> 空間的相互依存作用や地域などに着目して，課題を探究する活動を通して，次の事項を身に付けることができるよう指導する。
> ア　次のような知識を身に付けること。
> （ア）生活圏の調査を基に，地理的な課題の解決に向けた取組や探究する手法などについて理解すること。
>
> イ　次のような思考力，判断力，表現力等を身に付けること。
> （ア）生活圏の地理的な課題について，生活圏内や生活圏外との結び付き，地域の成り立ちや変容，持続可能な地域づくりなどに着目して，主題を設定し，課題解決に求められる取組などを多面的・多角的に考察，構想し，表現すること。

【教案例】

> 　まず、生徒に「自分の住んでいる市町村の人口を知っているか？」という発問をする。答えに近い数までは出ることが予想できる。解答を提示した後、市町村の人口がどのように分布しているのかを町丁別人口マップを提示して読み取らせる。掲載している奈良市の町丁別人口マップを見てまず読み取れることとしては、奈良市西部に人口が集中しているということである。
>
> 　次に、図をもとに、どんな地域に人口が集中しているのかを生徒に考えさせる。ベースマップを地形図としているため、主要道路、鉄道、ニュータウンの位置、旧市街地の位置、農山村の位置などとの関係が読み取れる。また、ベースマップは簡単に変更することができる。そのため、空中写真や起伏図に変更することで自然環境との対応を見ることもできる。
>
> 　その後、探究課題を設定し人口問題についてみていく。ここでは、市町村スケールでも日本全国でもよいと考える。例えば、「人口の少ない地域ではどのような問題が起きているのだろう」という探究課題を設定する。生徒に背景を考えさせ、「過疎問題」へとつなげていく。また、過疎化を防ぐための取り組みなどを取り上げることで、より深い学びへとつながると考える。

▶データについて

○町丁別人口マップの元データ

「e-stat」『総務省 統計局』

https://www.e-stat.go.jp/SG1/estat/eStatTopPortal.do?method=init

▶分布図の解説

図1や図3を丁寧に読み取ってみましょう。

❶ **まず、タイトルを見ましょう。** 何について書かれているのかがわかります。この図の場合は、「奈良市の町丁別人口」を示しています。なお、この図は2015年の国勢調査によるデータを使用しています。

❷ **つぎに、凡例を見ましょう。** 凡例の意味、つまり図の作者の意図を読み取ることができます。この図では、凡例は0から1,278人までを色の濃淡（または配色）で示しています。GISソフトの発達により、このような表現が簡単にできるようになりました。

❸ **図の種類を読み取ります。** 今回は奈良市を対象としたコロプレス図（ストレッチシンボル）です。階級シンボルとは違うことに注意が必要です。

❹ **拡大せずに、この地域全体の分布について概観しましょう。**

＊ポイント1：分布の特徴を見ます。

奈良盆地内は人口が多いのに対して、その東側の大和高原では人口が少ないです。町丁ごとに面積が違います。旧市街地は面積が小さいのに対して、郊外では周囲の山林まで同じ町丁名になるために面積が大きくなります。

＊ポイント2：知っている知識と重ね合わせます。

高層住宅が密集しているエリアは人口が多くなる傾向にあります。一方で、ニュータウン地域のうち戸建てが多い場所は1丁目、2丁目…と分割されているので、それぞれの町丁を見ると人口はそれほど多くありません。

＊ポイント3：予想と違ったところを見ていきます。

ニュータウンの周辺にあり、丁目に区切られていないために広い面積をもつ旧集落は、人口が多くなっています。また、高の原駅の西側は、商業地となっており、居住エリアが少ないので人口が少なくなっています。

◎ 図1と図3には、好ましくないとされる表現が2つあります。

まず、この図はストレッチシンボルによる図、すなわち人口による濃淡（または配色）の図となっていました。これを「階級区分図」にするためには、人口をいくつかの階級に分ける必要があります。その結果、図の作者の意図する図となります。

階級の数は、「スタージェスの公式」が参考にできます。

$$（階級の数）= 1 + \log_2 N \qquad ただし、NはデータW数$$

今回、奈良市の町丁数は630なので、スタージェスの公式に当てはめると、

$$（階級の数）= 1 + \log_2 630 ≒ 10.30$$

ということで、10段階前後の階級に分けると良いとされます。

もうひとつ、そもそも人口の数を表すために、面積の異なる町丁を色塗りの階級区分図で表示することは良くありません。ドットマップ（点の数で人口を表す）や図形表現図（次ページの図4）といった表現を使いましょう。なお、人口は量的データ（比例尺度）なので、図形シンボルの面積が人口に比例するように描画するのが、最も良い表示方法です。

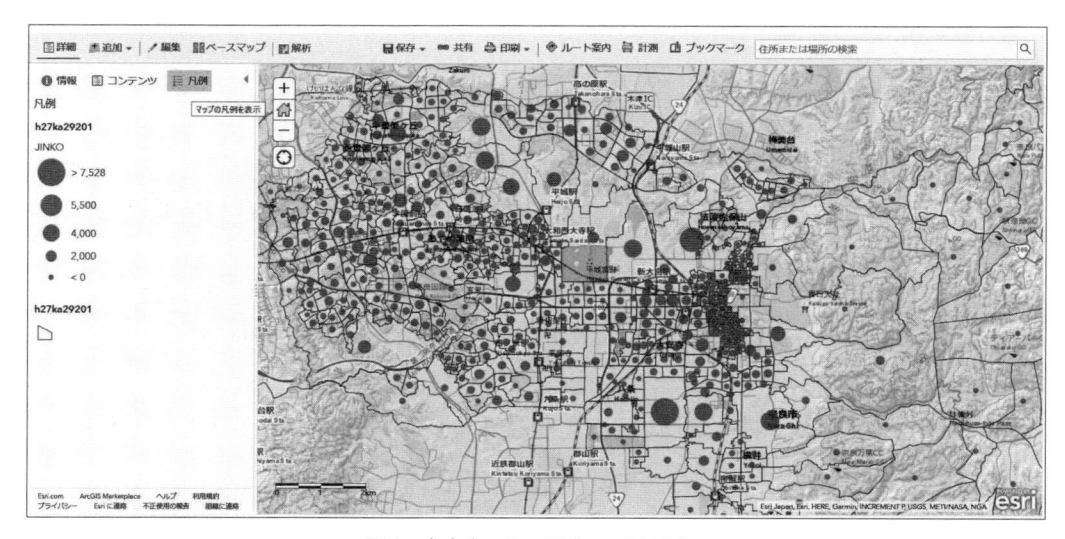

図4　奈良市の町丁別人口（2015 年）

▶さらに一歩進んで

　図 1 や図 3 をみると、地図の上に人口の分布図が描かれていることがわかります。この図はもともと、ベースマップとなる地図があり、その上に人口の分布図を重ねた、ということになります。

　最近の地図は、このように、いくつかの図を重ね合わせて作られています。例えば、国土数値情報をもとに①行政区画、②建築物、③道路縁を別々の図として作っておき（図 5）、それらを下から順に①②③の順で重ねると④のような街区図ができあがります。

図 7-5　レイヤーと重ね合わせ（奈良市、木津川市、精華町の境界部付近）

　図 5 で、構成要素となる①②③をレイヤーといいます。②や③を覆い被せてしまわないように、①はレイヤーのいちばん下に置く必要がありますが、この図では②と③の順序はどちらが先でも良いです。GIS では、④の地図を表示させたときに、①②③それぞれのレイヤーを非表示にすることが可能です。

　国土基盤情報には、①②③のほか、軌道の中心線、水域、等高線といった図も日本全国で整備されており、無料で使用することができます。また、町丁界データの最新版は、2015 年（2019 年 5 月現在）を e-stat の「境界データ＞小地域＞国勢調査＞ 2015 年」からダウンロードできます。

⑧ 都市圏活断層図

図1　都市圏活断層図（スマホ画面）

図2　URL の QR コード

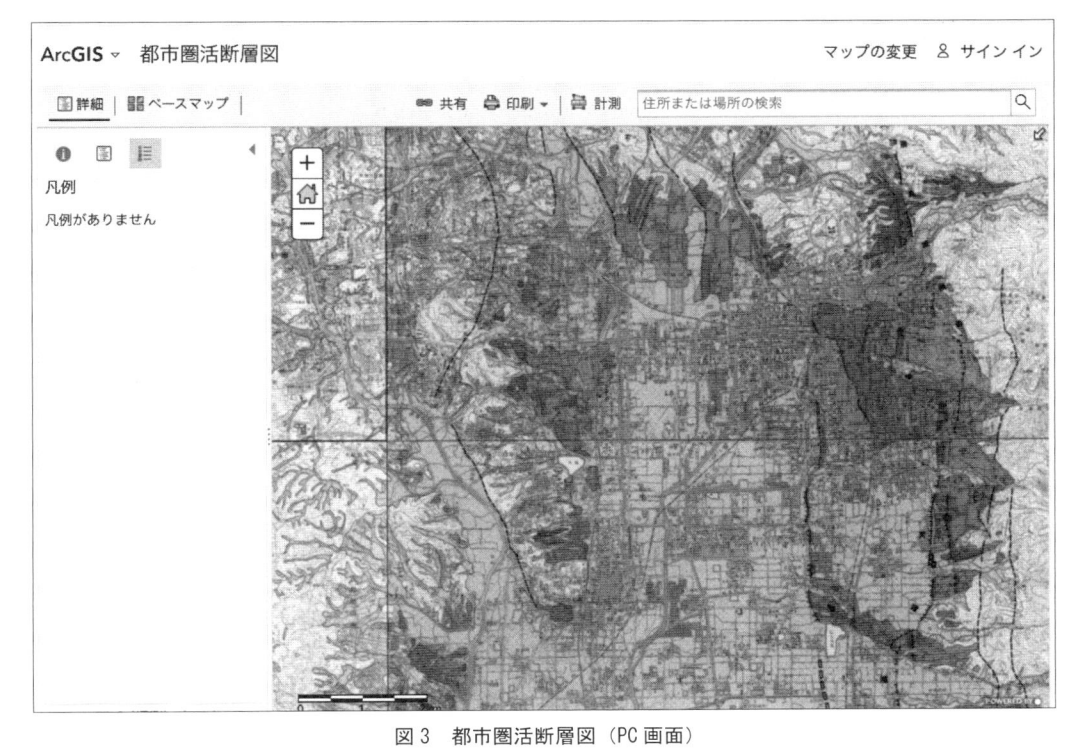

図3　都市圏活断層図（PC 画面）

(https://www.arcgis.com/home/webmap/viewer.html?webmap=3a7756141a7744aca20a017f7735e11d)

活断層図（都市圏活断層図）の内容（記号一覧）

名称	記号	定義
活断層	———	最近数十万年間に、概ね千年から数万年の周期で繰り返し動いてきた跡が地形に現れ、今後も活動を繰り返すと考えられる断層。明瞭な地形的証拠から位置が特定できるもの。
活断層（位置やや不明確）	- - - - -	活断層のうち、活動の痕跡が侵食や人工的な要因等によって改変されているために、その位置が明確には特定できないもの。
活断層（活撓曲）		活断層のうち、変位が軟らかい地層内で拡散し、地表には段差ではなくたわみとして現れたもの。たわみの範囲及び傾斜方向を示す。
活断層（伏在部）	....	活断層のうち、最新の活動時以後の地層で覆われ、変位を示す地形が直接現れていない部分。
横ずれ		活断層の相対的な水平方向の変位の向きを矢印で示す。
縦ずれ		活断層の上下方向の変位の向き。相対的に低下している側に短線を付す。
地震断層	••••••	地震の際に地表に現れたことが確認された断層。（地すべり・地盤沈下・液状化等に伴う変状であることが明らかなものは除く）
トレンチ調査地点		活断層の通過地点に調査溝（トレンチ）を掘り、断層運動の解読調査を行った地点。（これまでに各種調査研究機関等によって調査が実施されたもの）
活断層露頭		最近数十万年間に堆積した砂礫層などを切断し、活断層であることが確実に判明した露頭。現在は露出がなくとも記載。
活断層の名称	野島断層（例）	活断層の固有名称。
推定活断層（地表）		地形的な特徴により、活断層の存在が推定されるが、現時点では明確に特定できないもの。
推定活断層（地表）（位置やや不明確）	- - - - -	推定活断層のうち、位置が不明確なもの。
推定活断層（地下）	□ □ □	新しい地層に覆われて、断層地形が地表で確認されていないが、既往のボーリングや物理探査によりその存在が推定された活断層。
活断層（海（湖）底部）		海（湖）底部において、音波探査等により活断層と特定できるもの。
推定活断層（海（湖）底部）	- - - - -	海（湖）底部において、現時点では明確に活断層と特定できないもの。
活断層（活撓曲）（海（湖）底部）		音波探査により認められる活撓曲。
活褶曲（海底部）		音波探査により認められる活褶曲。
活褶曲		現在も続いている地殻変動によって生じている波状地形。凸部または凹部を連ねた線で図示。
地形面の傾動方向		地形面が、現在も続いている地殻変動によって傾いている場所。最大傾斜方向で図示。

名称	記号	定義
上位段丘面		海または河川の作用で形成された平坦地が、約数十万年前に離水した台地面。
	1	上位段丘面のうち、相対的に古い時代に離水したと判断されるもの。
	2	上位段丘面のうち、比較的新しい時代に離水したと判断されるもの。
中位段丘面		海または河川の作用で形成された平坦地が、約十万～数万年前に離水した台地面。
	1	中位段丘面のうち、比較的古い時代に離水したと判断されるもの。
	2	中位段丘面のうち、比較的新しい時代に離水したと判断されるもの。
下位段丘面		海または河川の作用で形成された平坦地が、約数万～数千年前に離水した台地面。
	1	下位段丘面のうち、比較的古い時代に離水したと判断されるもの。
	2	下位段丘面のうち、比較的新しい時代に離水したと判断されるもの。
沖積低地		数千年前から歴史時代にかけて、海または河川の作用で形成された平坦地。
扇状地・沖積錐		河川によって形成された、谷口を頂点とし平地に向かって扇状に開く半円錐の地形。小規模で急傾斜なものは沖積錐とよばれることがある。
埋立地・干拓地		浅い内湾や低湿地などに埋め立てや排水を施して作り出した新たな陸地。都市圏活断層図では、主に明治時代以降に造成された範囲を図示。
砂丘		風によって運ばれた砂からなる小高い丘。
地すべり		斜面を構成する岩石・土壌などの一部が斜面下方に移動している場所。滑落崖と移動土塊の範囲を図示。
変位した谷線		断層の横ずれ活動により変位した谷線。
火口・カルデラ		火山地におけるほぼ円形の凹地形。外縁線を図示。
溶岩円頂丘		粘性の大きな溶岩が火道から供給され次第にふくらんでできた丘状の地形。
火砕流堆積面		噴火時に、火山灰・軽石や溶岩片や火山ガスとの混合物が流下して堆積した平坦地。
岩屑なだれ堆積面		山体崩壊によって生じた大小さまざまな岩塊が流下して堆積した起伏のある土地。
泥流堆積面		泥質の細粒物質を含む流動体（泥流）が流下して堆積した平坦地。
溶岩流堆積面		火山の噴火時に溶岩が流下、堆積してできた地形

図 4　都市圏活断層図の凡例

（http://www.gsi.go.jp/common/000084060.pdf より引用）

▶どんなことが読み取れる？

この図は都市圏の活断層の分布を示したものです。国土地理院の提供している地理院タイルを使用し作成しました。

2018年、大阪北部や北海道胆振東部において大きな地震がありました。阪神・淡路大震災以降、東日本大震災が発生するなど、地震に関する人々の関心が高まっています。そこで、生徒が自分たちの身近な地域のどこに活断層が通っているのかを知ることで防災意識を高めるという教育効果が期待できると思います。生徒たちの気づきとして、例えば「いつも通っている道のところに活断層（活撓曲）が通っている！」などが想定できます。また、断層が線状の地形を形成することを知ることができると思います。

なお、地理院タイルは、凡例が表示されないので注意が必要です。また、国土交通省地理院が都市圏活断層図の利用の手引（http://www.gsi.go.jp/common/000153506.pdf）を公開しているため、それを参考にしていただくことで、より有効的な活用が実現できると思います。

1. 断層と活断層の違い

地面の中には固い岩の層があり、この岩にはたくさんの割れ目があります。ここに大きな力が加わると、割れ目にずれが生じます。このずれる現象のことを「断層」活動といいます。

「断層」のうち、特に数十万年前以降に繰り返し活動し、将来も活動すると考えられる断層のことを「活断層」と呼びます。

2. 活断層型地震と海溝型地震

日本列島周辺では、陸側のプレート（板状の岩盤）の下に太平洋プレートおよびフィリピン海プレートの2つの海側のプレートが沈み込んでいます。このプレート運動によりプレート境界やその内部に蓄積されたひずみを解消するために日本列島とその周辺では多くの地震が発生します。その発生場所により「活断層型地震」と「海溝型地震」に大きく分けられます。

活断層型地震は、陸側のプレート内部での断層運動により発生する地震です。深さがおおむね30kmよりも浅い地殻の内部で発生するため、「地殻内地震」とも呼ばれます。活断層で発生する地震だけでなく、地震動予測地図における「震源を予め特定しにくい地震」である活断層が認められていない陸域および沿岸域で発生する浅い地震も含まれます。

海溝型地震は、陸側のプレートと海側のプレートの境界である海溝やトラフ付近で発生する地震です。海溝型地震には、プレートの境界での断層運動により発生するプレート境界（プレート間）地震と、海側のプレート内部での断層運動により発生するプレート内地震があります。地震調査研究推進本部では、陸側のプレート同士の境界である日本海東縁部で発生する地震も海溝型地震として評価されています。

▶教案例

【新学習指導要領との対応】

　C　持続可能な地域づくりと私たち

（1）自然環境と防災

人間と自然環境との相互依存関係や地域などに着目して，課題を追究したり解決したりする活動を通して，次の事項を身に付けることができるよう指導する。

ア　次のような知識及び技能を身に付けること。

（ア）我が国をはじめ世界で見られる自然災害や生徒の生活圏で見られる自然災害を基に，地域の自然環境の特色と自然災害への備えや対応との関わりとともに，自然災害の規模や頻度，地域性を踏まえた備えや対応の重要性などについて理解すること。

イ　次のような思考力，判断力，表現力等を身に付けること。

（ア）地域性を踏まえた防災について，自然及び社会的条件との関わり，地域の共通点や差異，持続可能な地域づくりなどに着目して，主題を設定し，自然災害への備えや対応などを多面的・多角的に考察し，表現すること。

【教案例】

　　まず、生徒に地震が起こる要因について発問する。生徒からは、「断層」、「活断層」、「プレート」などの解答が出ると予想できる。ここで、「断層」と「活断層」の違いについて説明する。地面の中には固い岩の層がある。この岩にはたくさんの割れ目があり、ここに大きな力が加わると、割れ目にずれが生じる。このずれる現象のことを「断層」活動という。「断層」のうち、特に数十万年前以降に繰り返し活動し、将来も活動すると考えられる断層のことを「活断層」と呼ぶ。生徒は地震の要因となるのは「活断層」であることを知る。

　　次に、図を用いて活断層の分布について見ていく。身近な地域に通っている活断層について生徒に調べさせる。なお、この図においては凡例が表示されないため、別紙で配布するなどの工夫が必要である。生徒は高等学校や自分の家付近の活断層を見つけ、断層が線状の地形を形成することを知る。

　　そして、活断層型地震と海溝型地震について説明を行う。活断層型地震は、陸側のプレート内部での断層運動により発生する地震である。深さがおおむね30kmよりも浅い地殻の内部で発生するため、「地殻内地震」とも呼ばれる。活断層で発生する地震だけでなく、地震動予測地図における「震源を予め特定しにくい地震」である活断層が認められていない陸域および沿岸域で発生する浅い地震も含まれる。

　　海溝型地震は、陸側のプレートと海側のプレートの境界である海溝やトラフ付近で発生する地震である。海溝型地震には、プレートの境界での断層運動により発生するプレート境界（プレート間）地震と海側のプレート内部での断層運動により発生するプレート内地震がある。

▶データについて

○都市圏活断層図の元データ

「地理院地図 | 地理院タイル一覧」『国土交通省 国土地理院』

https://maps.gsi.go.jp/development/ichiran.html

▶分布図の解説

　図1や図3を丁寧に読み取ってみましょう。

　凡例（図4）に示されているように、薄い緑色の部分は沖積低地を表しています。沖積低地は、（明治期以降の）埋め立て地・干拓地と同様に地盤が軟らかいので、地震が起こったときに揺れが大きくなりやすい傾向があります。一方で、オレンジ色で示されている段丘面は、地盤が固いために地震のときの揺れは、周囲に比べてそれほど大きくなりません。さらに、砂丘、火口・カルデラ、溶岩円頂丘、火砕流堆積面などといった地形条件も描かれています。

　さて、活断層図で描かれている活断層は、長期間にわたってほぼ一定の間隔で繰り返し地震を起こしてきました。しかし、活断層ごとに動くスピード「活動度」はかなり違います。この「活動度」は1,000年あたりで平均的にずれた量で、A級（1m以上10m未満）、B級（10cm以上1m未満）、C級（1cm以上10cm未満）に分けられています。また、活断層研究会編『新編 日本の活断層』（1991、東京大学出版会）によると、日本国内にはA級の活動度をもつ活断層は約100条（断層を数えるときには「条」が接尾語となります）、活動度B級の活断層は約750条、活動度C級の活断層は約450条あるとされています。

　活断層のずれによって起こる地震では、震源となる活断層の近くで激しい揺れになるのに対し、震源となる活断層からの距離が離れるにつれて地震の揺れ（震度）は小さくなります。このため、活断層型の地震の典型例である阪神淡路大震災（兵庫県南部地震）では、神戸市の中心部から東部にかけて大きな被害が出たのに対し、そこから20kmほどしか離れていない大阪市中央部では被害がほとんどありませんでした。

　図1や図3で断層が近くにあれば、地震の際に大きな揺れが発生する恐れがあると思って、対策を考えておきましょう。しかし、活断層が地震を起こすのは、数千年から数万年に一度のことが多いと考えられているので、ただちに生活に影響が出ることは低い確率になります。とはいえ、日本には多くの活断層があるため、2018年の平成30年北海道胆振東部地震、2016年の平成28年熊本地震、2004年の平成16年新潟県中越地震、1995年の兵庫県南部地震（阪神・淡路大震災）といった地震が発生しており、ひとたび活断層が動くと、その周囲では大きな被害が出ます。

　活断層図には、活断層だけでなく、軟らかい地層でおこる撓みとして見られる活撓曲、明確に特定できない推定活断層なども描かれています。さらに、活断層を調査するときに掘られた調査溝（トレンチ）の場所や、崖などで地層が露出している露頭の場所なども描かれています。なお、トレンチは調査後に埋め戻されます。露頭は見学が可能

な場所もありますが、個人所有地などで見学が難しい場合もありますので注意して下さい。もし、断層だけを見たい場合には、http://www.nara-u.ac.jp/faculty/let/geography/news/2019/674　から「⑨活断層分布図」をクリックすれば見られるようにしてあります（産業総合研究所のデータを使用）。

▶さらに一歩進んで

　図1や図3はもともと、紙地図で作成された「1:25,000 活断層図」を Web 上で見られるようにしたものです。「1:25,000 活断層図」は 2017 年 9 月以前には「1:25,000 都市圏活断層図」とよばれていたもので、1995 年の阪神淡路大震災をきっかけに作られはじめました。2019 年 5 月現在で 192 面の活断層図が公開されています。これらはすべて、現在では Web 上で見ることができるようになりました。しかし、活断層図は日本全部を覆っているわけではありません（図5）。

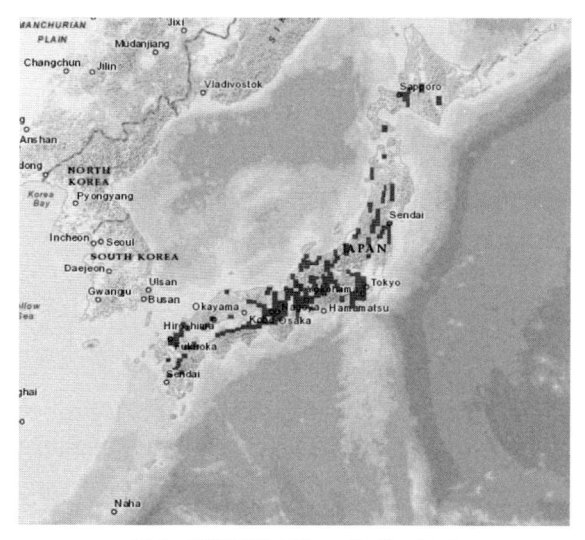

図5　活断層図の覆っているエリア

　地図を Web GIS 上で見られるようにするために、マップタイルとベクタタイルという方法が多く使われています。このうち、マップタイルは、縮尺ごとに規格に沿った図をあらかじめ作っておき、それを必要に応じてサーバーからインターネットを介して手元のスマホ（またはパソコンなど）に転送する、という方法です。図1や図3の活断層図は、このマップタイルの方法で送信されています。しかしマップタイルの方法では、拡大を繰り返していくと画面が粗くなる、という欠点がありました。そこで、ベクタタイルという方法が考え出されました。これは、①世界遺産マップの図1でみたように、図を点や線や面として表示させる方法で、拡大を繰り返しても画面は粗くなりません。

　現在、この地理院タイルを ArcGIS online で使うと凡例を出せない、という不具合があります。この不具合は今後改善されていくと思いますが、当面の間、複雑な凡例は本書もしくは地理院タイルの該当ページで見てもらうことになります。

⑨ 全国ハザードマップ

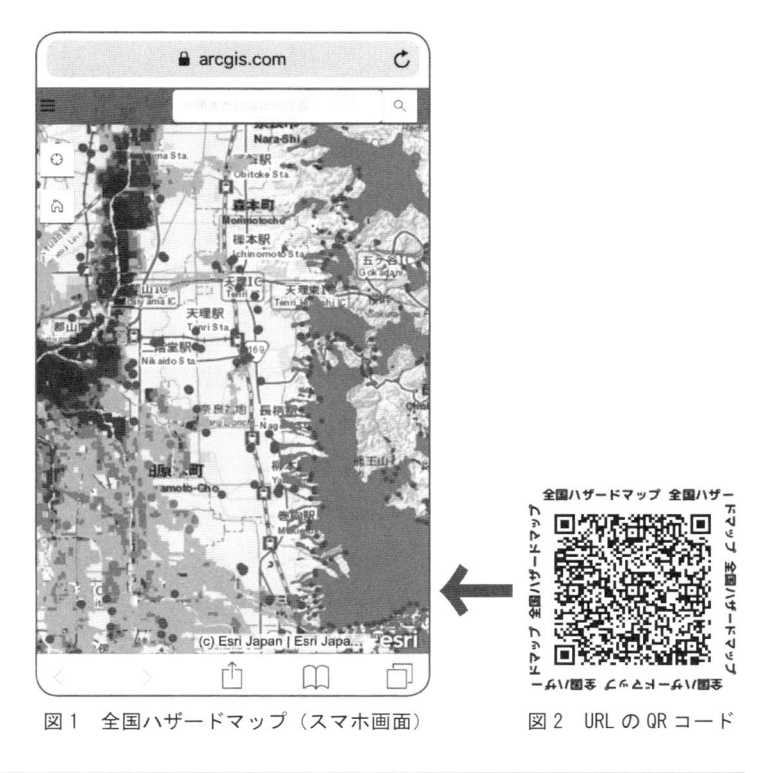

図1　全国ハザードマップ（スマホ画面）　　　図2　URL の QR コード

図3　全国ハザードマップ（PC 画面）

(https://www.arcgis.com/home/webmap/viewer.html?webmap=a2ad0097c3534f91a79fd92e08e6e2f9)

▶どんなことが読み取れる？

この図は、全国ハザードマップです。このハザードマップにおいては、土砂災害危険箇所、土石流、地すべり、急傾斜地の崩壊、浸水想定区域、避難所データを載せています。国土数値情報ダウンロードサービスのデータを基に作成しました。

近年、日本において地震や台風などの自然災害が頻発しています。人々の防災に関する関心は高まっていると言えます。高等学校の現場においても、質の高い防災教育が求められています。これまでのように教科書の内容をそのまま教える防災教育では、実際に災害が発生したときに対応することができません。そこでこの図を用いて、自分たちの住んでいる地域を教材として防災教育を行ってほしいと思い作成しました。

また、ハザードマップの活用の際には、市役所・町村役場や消防署、専門機関等と連携することでよりよい授業になると考えます。近年では、大学や地域の専門機関等との連携を意識し、より質の高い教育をおこなえるようにする「チーム学校」の実現が求められています。全国ハザードマップを活用する単元においては、近年、自然災害が増加していることを踏まえ、専門機関と連携した授業を展開し、生徒の防災意識を高めていくことが必要であると考えます。

この図を用いた授業では、以下のような事例を取り上げることが考えられます。

1. 自分の周りで起こる災害は？

自然災害が発生した際に、自分の住んでいる地域でどのような災害が起こるのかを知っておくことはとても大切なことです。この図を用いて身近にある危険箇所を確認していただきたいと思います。

2. 身近な地域を教材に

これまでの防災教育は、教科書で教えられていました。例えば、海のない奈良県の生徒が教科書に載っている津波に関して学び防災について考えるということも防災教育としては成立しています。しかし、近年の自然災害の頻発に伴って、より質の高い防災教育が必要となってきたといえます。質の高い防災教育とは、リアリティであると思います。この図を使って、生徒にとってよりミクロな視点から防災を考えてもらいたいと思います。

3. 一番安全な避難方法は？

この図を用いて、自宅や学校を起点として最も安全な避難場所、避難経路を考える活動が想定できます。子供たちは安全な避難方法に関して考慮すべきことをたくさん考えるでしょう。避難所まで距離が近いことは大切なことです。しかし、それだけでは最も安全とは言えません。避難経路の道幅や人の混み具合の想定、災害危険区域との関連など考慮すべきことはたくさんあります。たくさんの意見を出し合う活動を通して、子供たちの防災意識は自然と高まっていくと思いますし、質の高い防災教育が実現できるのではないでしょうか。

▶教案例

【新学習指導要領との対応】

C　持続可能な地域づくりと私たち

（1）自然環境と防災

人間と自然環境との相互依存関係や地域などに着目して，課題を追究したり解決したりする活動を通して，次の事項を身に付けることができるよう指導する。

ア　次のような知識及び技能を身に付けること。

（ア）我が国をはじめ世界で見られる自然災害や生徒の生活圏で見られる自然災害を基に，地域の自然環境の特色と自然災害への備えや対応との関わりとともに，自然災害の規模や頻度，地域性を踏まえた備えや対応の重要性などについて理解すること。

（イ）様々な自然災害に対応したハザードマップや新旧地形図をはじめとする各種の地理情報について，その情報を収集し，読み取り，まとめる地理的技能を身に付けること。

イ　次のような思考力，判断力，表現力等を身に付けること。

（ア）地域性を踏まえた防災について，自然及び社会的条件との関わり，地域の共通点や差異，持続可能な地域づくりなどに着目して，主題を設定し，自然災害への備えや対応などを多面的・多角的に考察し，表現すること。

【教案例】

　　まず、生徒に「家にいるときに巨大地震が起きたらどんな行動をとるか？」という発問をする。生徒からは「机の下に隠れる」、「避難する」、「家族が安全かどうかを調べる」などの答えが出てくることが予想できる。生徒の解答の中から「避難」を取り上げる。避難の際に知っておくべきこととして、身近な地域の避難所や起こりうる災害の種類を挙げる。

　　次に、図を用いて身近な地域の避難所と起こりうる災害についてみていく。ここでは、災害ごとの特徴をグループ別に調べさせてプレゼンテーションを行うことも有効であると考える。それらを踏まえ、巨大地震が発生した際に、高等学校もしくは生徒の自宅を起点とした、最も安全な避難方法について生徒に考えさせる。生徒には、その避難方法を選択した理由を考えさせる。

　　生徒の学習例としては「自然災害が起きた際の避難場所としてはA小学校が最も安全で自宅からの距離が近いことがわかった。経路としては、X道を使うことが最適であると考えた。Y道を使うとA小学校まで最短距離で行くことができるが、道が狭くスムーズに避難できない可能性がある。、また、Y道は浸水の危険性があることからもX道を使って避難するのが安全であると考えた。」などが挙げられる。

　　なお本時の学習においては、近年、防災教育が重要視されていることから、大学や防災センターなどの専門機関および市町村役所など自治体との連携が必要であると考える。

▶データについて

○全国ハザードマップの元データ

「国土数値情報ダウンロードサービス」『国土交通省 国土政策局 国土情報課』

　http://nlftp.mlit.go.jp/ksj/

避難所データ

https://services.arcgis.com/wlVTGRSYTzAbjjiC/arcgis/rest/services/Evacuation_
Shelter/FeatureServer

▶分布図の解説

　図1や図3を丁寧に読み取ってみましょう。

　2014年4月に改正される以前の災害対策基本法では、「切迫した災害の危険から逃れるための避難場所」と「損壊した自宅に戻れないなどの理由で避難生活を送るための避難所」が、必ずしも明確に区分されていませんでした。このため現在では、「居住者等が災害から命を守るために緊急的に避難する施設又は場所」である**指定緊急避難場所**と、「避難した居住者等が災害の危険がなくなるまで一定期間滞在し、又は災害により自宅へ戻れなくなった居住者等が一時的に滞在する施設」である**指定避難所**が明確に分けられています（図4）。

　なお、指定緊急避難場所と指定避難所は、同じ場所が指定されることもあります。また指定緊急避難場所は、表1に示される8種類の災害種別ごとに指定されています。

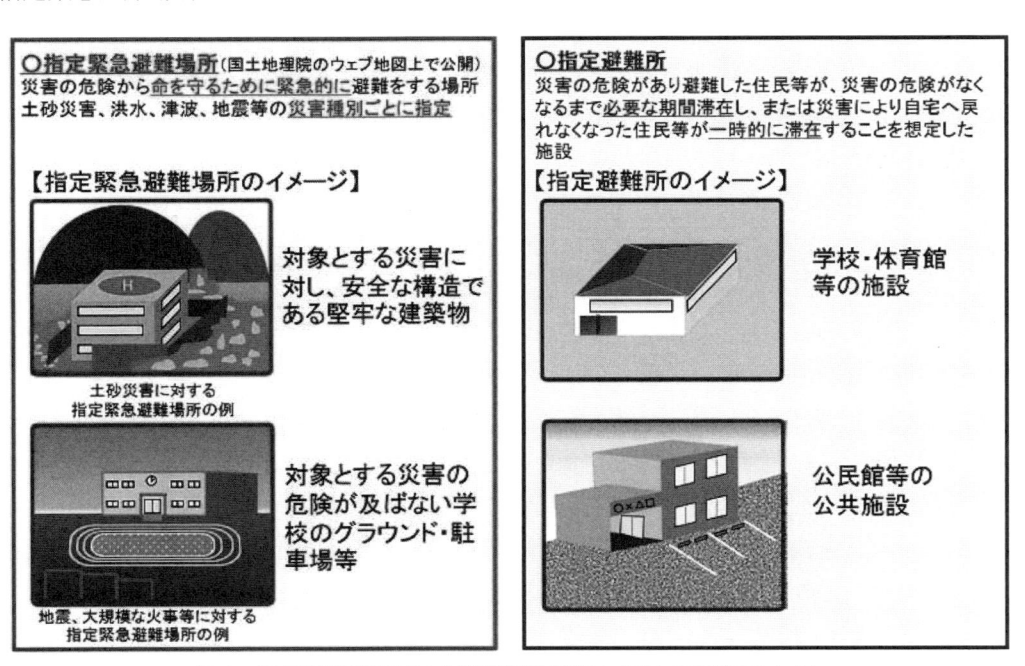

図4　指定緊急避難場所と指定避難所の違い（国土地理院 HP より）

表1　指定緊急避難場所が指定される災害種別（8種類）

洪水	津波
崖崩れ、土石流及び地滑り	大規模な火事
高潮	内水氾濫
地震	火山現象

　図1と図3には、大きく分けて4つの用語が出てきます。この中で、**指定緊急避難場所**に相当するのは、避難場所・一時(いっとき)避難場所・収容避難場所です。また、**指定避難所**に相当するのは、避難所・一時(いっとき)避難所・収容避難所です。福祉避難所は、特別な避難所で、寝たきりの高齢者・障碍者・妊産婦など、一般の避難所では共同生活が困難な人が安心して避難生活のできる場所です。2次的避難所は、福祉避難所ほどではないものの、より介護をしやすい環境を持つ施設です。さらに、避難施設は、こうした指定緊急避難場所と指定避難所を合わせた表現です。ここで一時を「いっとき」と読むのは、「小規模な一次(いちじ)避難場所から、大規模な広域避難場所や避難所に二次的に移動する」という表現で一次(いちじ)を使うため、語句の混乱を生じないようにする工夫です。

▶さらに一歩進んで

　図1や図3で示されている避難所などは、もともとは住所のデータです。しかし、住所をそのまま GIS で表示することはできません。GIS で表示しようとする場合には、位置を住所から緯度経度に変換する必要があります。

　この変換には「アドレスマッチング」（英語のようですが、英語で正しくは Address Geocoding）というサービスを利用する必要があります。これは日本全国の住所を緯度経度に変換するサービスで、東京大学空間情報科学センター（CSIS）が無料で提供しています（http://newspat.csis.u-tokyo.ac.jp/geocode/modules/addmatch/index.php?content_id=1）。このサービスを利用するには、インターネットにつながったパソコンが必要で、利用条件を守ることが求められています。

　さて、CSIS のアドレスマッチング機能を利用してみましょう。準備するデータは、表2のようなカンマ区切りのデータ（csv 形式のデータ）です。

表2　アドレスマッチング用の元データ（csv 形式で保存）

名称,	住所
奈良大学,	奈良県奈良市山陵町 1500
大分県立高田高校,	大分県豊後高田市玉津 1834-1
大阪府立三国丘高校,	大阪府堺市堺区南三国ヶ丘町 2 丁 2-36

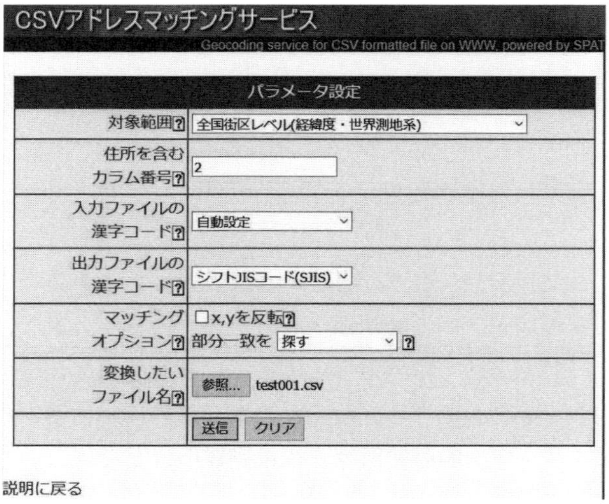

図5　CSIS のアドレスマッチングサービスの設定画面
Windows パソコンを利用した場合（出力ファイル設定部分）
（http://newspat.csis.u-tokyo.ac.jp/geocode-cgi/geocode.cgi?action=start より）

表3　アドレスマッチング用の結果データ

名称,	住所,	LocName,	fX,	fY,	iConf,	iLvl
奈良…	奈良県…,	奈良県／奈良市／山陵町／１５００番地,	135.78358,	34.71463,	5,	7
大分…	大分県…,	大分県／豊後高田市／玉津／１８３４番地,	131.44424,	33.56789,	5,	7
大阪…	大阪府…,	大阪府／堺市／堺区／南三国ヶ丘町二丁／２番,	135.48755,	34.57298,	5,	7
表2と同じ						

　これを図5のようなパラメーラ設定を行うと、表3のようなデータが返されてきます。なお表3のデータのうち、fx は経度（度表記）、fy は緯度（度表記）、iConf は 5 であれば正しく変換できていることを示しています。iLv は 7 であれば街区・地番まで、8 であれば号・枝番まで変換できたことを示しています。地点数が多くなければ、時間もそれほどかかりません。

　表3のように緯度経度データが付与されたデータが入手できれば、GIS を使って図化することはとても簡単です。

⑩ 南海トラフ巨大地震の被害想定

図1 南海トラフ巨大地震（震度／最大クラスの被害想定（スマホ画面）

図2 URL の QR コード

図3 南海トラフ巨大地震の被害想定（震度／最大クラス）（PC 画面）

(https://www.arcgis.com/home/webmap/viewer.html?webmap=a2ad0097c3534f91a79fd92e08e6e2f9)

▶どんなことが読み取れる？

　南海トラフ巨大地震は 30 年以内に 70 〜 80％の確率で発生すると言われています。2018 年 12 月、南海トラフ巨大地震について国の検討会は、発生の可能性が高まっていると判断した際にあらかじめ避難を呼びかける新しい方針をまとめました。

　一般の人々が気になるのは、南海トラフ巨大地震が発生した際に、自分の住む地域はどれくらい揺れるのかであると考えます。そこで、このマップにおいて南海トラフ巨大地震発生時の想定震度分布を示し、地形図との比較が行えるように加工を行っています。元データは、内閣府南海トラフの巨大地震モデル検討会が公開した、南海トラフ巨大地震の被害想定（最大クラスの震度）です。

1.　自分の住んでいるところはどれくらい揺れる？

　上でも述べましたが、南海トラフ巨大地震に関して、一般の人々が最も気になるのは、自分の住んでいるところがどれくらい揺れるのかであると思います。この図を見て、自分の地域の予想最大震度を確認してみましょう。また、震度を確認した後は、過去に起きた地震の事例からどれくらいの被害が起こるのか予想をしてみるとよいでしょう。それらの活動を通して防災意識を高めることができると思います。

2.　事前に避難？

　2018 年 12 月、政府の中央防災会議の作業部会は、前兆の疑いがある地震があり、南海トラフ巨大地震が発生する可能性が高まったと判断された場合の避難のあり方などの報告書をまとめました。その中で、津波からの避難が間に合わない沿岸部の全住民に対し、1 週間程度の事前避難を呼びかけることが示されました。

3.　想定されている被害

　政府の中央防災会議は、科学的に想定される最大クラスの南海トラフ巨大地震が発生した際の被害想定を実施しています。この被害想定によれば、南海トラフ巨大地震がひとたび発生すると、静岡県から宮崎県にかけての一部では震度 7 となる可能性があるほか、それに隣接する周辺の広い地域では震度 6 強から 6 弱の強い揺れになると想定されています。また、関東地方から九州地方にかけての太平洋沿岸の広い地域に 10m を超える大津波の襲来が想定されています。

　南海トラフ地震への対策については、この地震による災害から国民の生命、身体及び財産を保護することを目的とした「南海トラフ地震に係る地震防災対策の推進に関する特別措置法」に基づき、被害想定の結果を踏まえて、南海トラフ地震が発生した場合に著しい地震災害が生ずるおそれがあるため、地震防災対策を推進する必要がある地域が「南海トラフ地震防災対策推進地域」に指定され、国、地方公共団体、関係事業者等の各主体がそれぞれの立場で、建物の耐震化やハザードマップの整備等のハード・ソフト両面からの総合的な地震防災対策を推進することとされています。

▶教案例

【新学習指導要領との対応】

C　持続可能な地域づくりと私たち

（1）自然環境と防災

人間と自然環境との相互依存関係や地域などに着目して，課題を追究したり解決したりする活動を通して，次の事項を身に付けることができるよう指導する。

ア　次のような知識及び技能を身に付けること。

（ア）我が国をはじめ世界で見られる自然災害や生徒の生活圏で見られる自然災害を基に，地域の自然環境の特色と自然災害への備えや対応との関わりとともに，自然災害の規模や頻度，地域性を踏まえた備えや対応の重要性などについて理解すること。

（イ）様々な自然災害に対応したハザードマップや新旧地形図をはじめとする各種の地理情報について，その情報を収集し，読み取り，まとめる地理的技能を身に付けること。

イ　次のような思考力，判断力，表現力等を身に付けること。

（ア）地域性を踏まえた防災について，自然及び社会的条件との関わり，地域の共通点や差異，持続可能な地域づくりなどに着目して，主題を設定し，自然災害への備えや対応などを多面的・多角的に考察し，表現すること。

【教案例】

まず、生徒にトラフ巨大地震について知っていることを聞く。「ニュースでよく聞く」、「近い将来で発生する可能性が非常に高いと聞いた」などの解答が予想できる。また、これは南海トラフ巨大地震の被害が大きいと言われている地域の生徒ほど詳しく知っている傾向があると考えられる。

次に、図を用いて実際に地震が起こった時、自分の住んでいる地域がどれくらい揺れるのか見ていく。図は最大クラスを想定しているため、生徒たちは思っていたより自分の住んでいる地域も震度が大きいと感じると考える。

そして、図から読み取れた想定される震度に対応する被害想定を提示し、防災について考えていくことが必要である。また、この際に⑨全国ハザードマップを使用することも有効である。

その後、南海トラフ巨大地震への国の対策について学習する。例えば、2018 年 12 月に政府の中央防災会議の作業部会は、前兆の疑いがある地震があり、南海トラフ巨大地震が発生する可能性が高まったと判断された場合の避難のあり方などの報告書をまとめた。その中で、津波からの避難が間に合わない沿岸部の全住民に対し、1 週間程度の事前避難を呼びかけることが示された。

▶データについて

○南海トラフ巨大地震の被害想定（震度／最大クラス）の元データ
https://tiles.arcgis.com/tiles/wlVTGRSYTzAbjjiC/arcgis/rest/services/jishin_max/MapServer

▶分布図の解説

　図1や図3で示されている被害想定を丁寧に読み取ってみましょう。

❶ **まず、タイトルを見ましょう。** 何について書かれているのかがわかります。この図の場合は、南海トラフ巨大地震の想定被害です。

❷ **つぎに、凡例を見ましょう。** 予測される最大震度は、震度0から震度7までで表されています。なお、震度5と震度6は弱と強の2種類があるので、10段階になります。

❸ **図の種類を読み取ります。** 今回は鹿児島県以北、東北・新潟以南を対象とした、1kmメッシュのコロプレス図（階級区分図）です。

❹ **全体の分布について概観しましょう。**

　南海トラフ巨大地震の被害想定なので、四国南部の震度がとても大きくなっていることがわかります。また、日本全体の図は無いのですが、南海トラフから近いほど震度が大きく、遠いほど震度が小さい傾向にあります。しかし、静岡県や愛知県の太平洋岸など、やや離れていても大きな震度を示す場所もみられます。一般に、平野はその周囲に比べて大きな震度になっていることが多いようです。

❺ **興味のある地域を拡大して、その特徴をさらに見てみましょう。**

　震度7の地域を見てみましょう。震度7とは、「立っていることができず、はわないと動くことができない。揺れにほんろうされ、動くこともできず、飛ばされることもある。」（気象庁2009）という、震度を示す10階級のうち、最も揺れが激しい階級です。震度7は、1949年に導入されて以来、平成の終わりまでで、表1に示される6例しか観測されていません。なお、被害状況を見ると、気象庁の観測地点以外で震度7相当の揺れを示した地点があると推測される場合もあります。

　図1や図3をみると、高知県の高知平野、室戸半島、足摺半島だけでなく、四国では徳島県・香川県・愛媛県の海岸沿いの平野の一部に加え、和歌山県南部、愛知県、静岡県、宮崎県にもみられ、非常に広い範囲で大きな危険が予測されていることがわかります。

表1　これまでに震度7を観測したすべての例（2019年4月30日まで）

1995年1月17日	兵庫県南部地震（阪神・淡路大震災）
2004年10月23日	新潟県中越地震
2011年3月11日	東北地方太平洋沖地震（東日本大震災）
2016年4月14日	熊本地震（余震）
2016年4月16日	熊本地震（本震）
2018年9月6日	北海道胆振東部地震

▶さらに一歩進んで

　図1や図3で示されている被害想定を限界まで拡大してみて下さい。図4のように小さな長方形の集合であることがわかると思います。

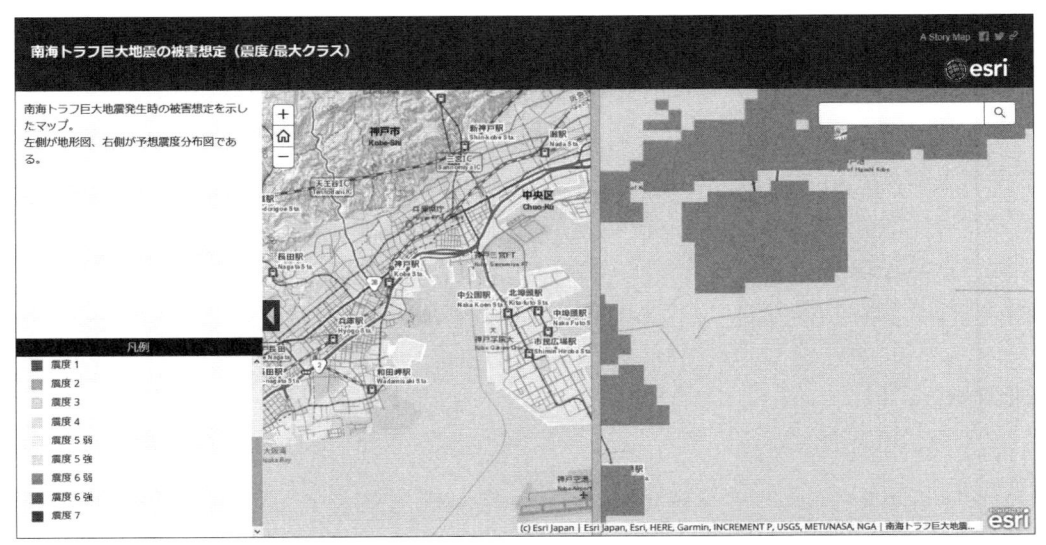

図4　南海トラフ巨大地震の被害想定のうち、神戸市海岸部の拡大図

　図4で示されている一つ一つの長方形は、被害想定を示している区画の単位となっていて、この長方形の内部の違いまでは表現できません。このような図の表現を「ラスタ（raster）形式」といいます。画像表現の「ビットマップ画像」とよばれる形式と同じく、画像を小さな画素（ピクセル）で覆い、値の配列情報で示す表現方法です。これに対して、①世界遺産マップの図4や図5で示したような、どこまで拡大しても点や多角形として表されていた表現をベクタ（vector）形式といいます。

　GISで画像表示を行うときには、ラスタ形式で表現するかベクタ形式で表現するかを、あらかじめ決める必要があります。これまでに例としてあげられてきた図がラスタ形式だったのか、ベクタ形式だったのか、おさらいを兼ねて拡大して確認してみて下さい。

第 2 章　高校地理と GIS

2.1　2022 年高等学校学習指導要領と GIS

　2022 年度から高等学校の地理歴史科で「地理総合」（2 単位）が必修化されることとなりました。高等学校での地理は、1970 年公示の学習指導要領で必修から外れてから、選択科目として位置付けられていました。2018 年公示の新学習指導要領と解説では、地理総合が必修化される中で、GIS（Geographic Information System：地理情報システム）を汎用的な地理的技能として、具体的な例を挙げて GIS の利用について述べられています。新学習指導要領に明記されている GIS に関連する内容についてみてみましょう。

【地理総合】

> 1 目　標
> 　社会的事象の地理的な見方・考え方を働かせ，課題を追究したり解決したりする活動を通して，広い視野に立ち，グローバル化する国際社会に主体的に生きる平和で民主的な国家及び社会の有為な形成者に必要な公民としての資質・能力を次のとおり育成することを目指す。
> （1）地理に関わる諸事象に関して，世界の生活文化の多様性や，防災，地域や地球的課題への取組などを理解するとともに，地図や地理情報システムなどを用いて，調査や諸資料から地理に関する様々な情報を適切かつ効果的に調べまとめる技能を身に付けるようにする。

　1 目標の（1）に「地理情報システム」つまり GIS が早速明記されています。これは、「地理総合」の学習を通じて育成される資質・能力のうち、「知識及び技能」に関するねらいです。
　「世界の生活文化の多様性や、防災、地域や地球的課題への取組」については、中央教育審議会答申の「地理総合」に関わる科目構成の見直しにおいて求められた、「持続可能な社会づくりを目指し、環境条件と人間の営みとの関わりに着目して現代の地理的な諸課題を考察する科目」、「グローバルな視座から国際理解や国際協力の在り方を、地域的な視座から防災などの諸課題への対応を考察する科目」という趣旨を反映したものです。
　「地図や地理情報システムなどを用いて、調査や諸資料から地理に関する様々な情報を適切かつ効果的に調べまとめる技能を身に付ける」については、地理学習に当たっての基礎的・基本的な知識としての現代世界の地域構成を対象として、同じく中央教育審議会答申の「地理総合」に関わる科目構成の見直しにおいて求められた、「地図や地理情報システム（GIS）などを用いることで、汎用的で実践的な地理的技能を習得する科目」という趣旨を反映したものです。
　ここで身に付ける「技能」としては、情報を収集する技能・情報を読み取る技能・情報

をまとめる技能の三つの技能に分けて考えることができます。

　まず、「情報を収集する技能」に関しては、地理情報が増大し多様化している中で、課題の解決に向けて有用な情報を適切に収集する技能を高めることが求められています。次に、「情報を読み取る技能」に関しては、地理学習で用いられる資料の中で最も重要な役割を果たしているのが地図であることを踏まえ、社会的事象を位置や空間的な広がりなどを考慮して地図上で捉えること、また、地域の変容が激しくなっている現代において、新旧の地図を比較し関連付ける学習を行い、地域の変容を捉え地域の課題や将来像について考えることが求められています。さらに、「情報をまとめる技能」に関しては、読図力とともに、特に地理情報を地図にまとめて主題図を作成する作図力などの地理的技能を身に付けさせることが求められています。したがって、実際に授業において GIS を活用する際には、以上の3点の技能の習得が実現されるような内容であることが大前提であるということになります。

　次に、**2 内容**についてみていきたいと思います。新学習指導要領「地理総合」の内容は「A 地図や地理情報システムで捉える現代世界」、「B 国際理解と国際協力」・「C 持続可能な地域づくりと私たち」の三つの大項目が設定されています。A と B では、世界を対象地域としたマクロスケールで、C では、自分の住む地域を対象地域としたミクロスケールで GIS を用いて作成した図を活用していくことが求められています。内容について詳しく見ていきましょう。

---

　2 内　容
　A　地図や地理情報システムで捉える現代世界
　（1）地図や地理情報システムと現代世界位置や分布などに着目して，課題を追究したり解決したりする活動を通して，次の事項を身に付けることができるよう指導する。
　ア　次のような知識及び技能を身に付けること。
　（ア）現代世界の地域構成を示した様々な地図の読図などを基に，方位や時差，日本の位置と領域，国内や国家間の結び付きなどについて理解すること。
　（イ）日常生活の中で見られる様々な地図の読図などを基に，地図や地理情報システムの役割や有用性などについて理解すること。
　（ウ）現代世界の様々な地理情報について，地図や地理情報システムなどを用いて，その情報を収集し，読み取り，まとめる基礎的・基本的な技能を身に付けること。
　イ　次のような思考力，判断力，表現力等を身に付けること。
　（ア）現代世界の地域構成について，位置や範囲などに着目して，主題を設定し，世界的視野から見た日本の位置，国内や国家間の結び付きなどを多面的・多角的に考察し，表現すること。
　（イ）地図や地理情報システムについて，位置や範囲，縮尺などに着目して，目的や用途，内容，適切な活用の仕方などを多面的・多角的に考察し，表現すること。

大項目Aは、「地理総合」の学習の導入として中学校までの学習成果を踏まえ、現代世界の地域構成を主な学習対象とし、その結び付きを地図やGISを用いて捉える学習などを通して、汎用的な地理的技能を習得することを主なねらいとしています。このねらいを達成するため、この大項目は「(1) 地図や地理情報システムと現代世界」という一つの中項目で構成しています。

B　国際理解と国際協力
(1) 生活文化の多様性と国際理解
　　場所や人間と自然環境との相互依存関係などに着目して，課題を追究したり解決したりする活動を通して，次の事項を身に付けることができるよう指導する。
ア　次のような知識を身に付けること。
(ア) 世界の人々の特色ある生活文化を基に，人々の生活文化が地理的環境から影響を受けたり，影響を与えたりして多様性をもつことや，地理的環境の変化によって変容することなどについて理解すること。
(イ) 世界の人々の特色ある生活文化を基に，自他の文化を尊重し国際理解を図ることの重要性などについて理解すること。
イ　次のような思考力，判断力，表現力等を身に付けること。
(ア) 世界の人々の生活文化について，その生活文化が見られる場所の特徴や自然及び社会的条件との関わりなどに着目して，主題を設定し，多様性や変容の要因などを多面的・多角的に考察し，表現すること。

(2) 地球的課題と国際協力
　　空間的相互依存作用や地域などに着目して，課題を追究したり解決したりする活動を通して，次の事項を身に付けることができるよう指導する。
ア次のような知識を身に付けること。
(ア) 世界各地で見られる地球環境問題,資源・エネルギー問題,人口・食料問題及び居住・都市問題などを基に，地球的課題の各地で共通する傾向性や課題相互の関連性などについて大観し理解すること。
(イ) 世界各地で見られる地球環境問題,資源・エネルギー問題,人口・食料問題及び居住・都市問題などを基に，地球的課題の解決には持続可能な社会の実現を目指した各国の取組や国際協力が必要であることなどについて理解すること。
イ　次のような思考力，判断力，表現力等を身に付けること。
(ア) 世界各地で見られる地球環境問題,資源・エネルギー問題,人口・食料問題及び居住・都市問題などの地球的課題について，地域の結び付きや持続可能な社会づくりなどに着目して，主題を設定し，現状や要因，解決の方向性などを多面的・多角的に考察し，表現すること。

　大項目Bは、「地図や地理情報システムで捉える現代世界」の学習成果を踏まえ、世界の

特色ある生活文化と地球的課題を主な学習対象とし、特色ある生活文化と地理的環境との関わりや地球的課題の解決の方向性を捉える学習などを通して、国際理解や国際協力の重要性を認識することを主なねらいとしています。このねらいを達成するため、この大項目は「(1) 生活文化の多様性と国際理解」、「(2) 地球的課題と国際協力」という2つの中項目で構成しています。

C　持続可能な地域づくりと私たち
(1)　自然環境と防災
　　人間と自然環境との相互依存関係や地域などに着目して，課題を追究したり解決したりする活動を通して，次の事項を身に付けることができるよう指導する。
ア　次のような知識及び技能を身に付けること。
(ア)　我が国をはじめ世界で見られる自然災害や生徒の生活圏で見られる自然災害を基に，地域の自然環境の特色と自然災害への備えや対応との関わりとともに，自然災害の規模や頻度，地域性を踏まえた備えや対応の重要性などについて理解すること。
(イ)　様々な自然災害に対応したハザードマップや新旧地形図をはじめとする各種の地理情報について，その情報を収集し，読み取り，まとめる地理的技能を身に付けること。
イ　次のような思考力，判断力，表現力等を身に付けること。
(ア)　地域性を踏まえた防災について，自然及び社会的条件との関わり，地域の共通点や差異，持続可能な地域づくりなどに着目して，主題を設定し，自然災害への備えや対応などを多面的・多角的に考察し，表現すること。

(2)　生活圏の調査と地域の展望
　　空間的相互依存作用や地域などに着目して，課題を探究する活動を通して，次の事項を身に付けることができるよう指導する。
ア　次のような知識を身に付けること。
(ア)　生活圏の調査を基に，地理的な課題の解決に向けた取組や探究する手法などについて理解すること。
イ　次のような思考力，判断力，表現力等を身に付けること。
(ア)　生活圏の地理的な課題について，生活圏内や生活圏外との結び付き，地域の成り立ちや変容，持続可能な地域づくりなどに着目して，主題を設定し，課題解決に求められる取組などを多面的・多角的に考察，構想し，表現すること。

　大項目Cは，「地図や地理情報システムで捉える現代世界」及び「国際理解と国際協力」の学習成果を踏まえ，国内外の防災や生活圏の地理的な課題を主な学習対象とし，地域性を踏まえた課題解決に向けた取組の在り方を構想する学習などを通して，持続可能な地域づくりを展望することを主なねらいとしています。このねらいを達成するため，大項目Cは「(1) 自然環境と防災」，「(2) 生活圏の調査と地域の展望」という2つの中項目で構成しています。

次に、**3 内容の取扱い**の中で GIS に関連するところをみていきたいと思います。

（1）内容の全体にわたって，次の事項に配慮するものとする。

イ　地図の読図や作図，衛星画像や空中写真，景観写真の読み取りなど地理的技能を身に付けることができるよう系統性に留意して計画的に指導すること。その際，教科用図書「地図」を十分に活用するとともに，地図や統計などの地理情報の収集・分析には，地理情報システムや情報通信ネットワークなどの活用を工夫すること。

ウ　地図の読図や作図などを主とした作業的で具体的な体験を伴う学習を取り入れるとともに，各項目を関連付けて地理的技能が身に付くよう工夫すること。また，地図を有効に活用して事象を説明したり，自分の解釈を加えて論述したり，討論したりするなどの活動を充実させること。

オ　調査の実施や諸資料の収集に当たっては，専門家や関係諸機関などと円滑に連携・協働するなどして，社会との関わりを意識した活動を重視すること。

　これをみると、内容の全体にわたって GIS や情報通信ネットワークを有効に活用していくことが求められていることがわかります。また、生徒が地図の読図や作図などを行い、プレゼンテーション等を通して討論するなどの活動の充実が求められています。これら GIS を用いて作図を行う場合は、専門機関や関係諸機関と連携・協働し資料を収集する必要があります。近年、学校現場において専門機関等と連携を進める「チーム学校」が推進されています。「地理総合」においては、専門機関と連携することでより良い学習につながる単元が多くあります。

　大項目 A・B・C の 3 内容の取扱いに当たっての配慮事項の中の GIS に関連するところをみていきたいと思います。

ア　内容のAについては，次のとおり取り扱うものとすること。

（ア）（1）については，次のとおり取り扱うこと。

　「国内や国家間の結び付き」については，国内の物流や人の往来，それを支える陸運や海運などの現状や動向，世界の国家群，貿易，交通・通信，観光の現状や動向に関する諸事象を，様々な主題図などを基に取り上げ，地図や地理情報システムの適切な活用の仕方が身に付くよう工夫すること。

　「日常生活の中で見られる様々な地図」については，観察や調査，統計，画像，文献などの地理情報の収集，選択，処理，諸資料の地理情報化や地図化などの作業的で具体的な体験を伴う学習を取り入れるよう工夫すること。また，今後の学習全体を通じて地理的技能を活用する端緒となるよう，地図や地理情報システムに関する基礎的・基本的な知識や技能を習得するとともに，地図や地理情報システムが日常生活の様々な場面で持続可能な社会づくりのために果たしている役割やその有用性に気付くことができるよう工夫すること。

大項目「A　地図や地理情報システムで捉える現代世界」の中項目「(1) 地図や地理情報システムと現代世界位置や分布などに着目して，課題を追究したり解決したりする活動を通して，次の事項を身に付けることができるよう指導する。」について着目する視点は、位置や分布などに関わる視点です。現代世界の地域構成と地図や GIS の活用の仕方を多面的・多角的に考察し、表現する力を育成するとともに、現代世界の地域構成の特色、地図や GIS の役割や有用性などを理解し、そのために必要な技能を身に付けられるようにすることが求められています。

　上でも述べましたが、「地理総合」の導入部分として大項目 A は位置付けられています。これは、GIS を導入部分で教えることにより、その後の大項目 B・C の学習に GIS を活用できるからです。作業的で具体的な体験を伴う学習を行うための素地を身に付けさせることが大項目 A の役割の一つであるといえます。

　新学習指導要領解説の中では、大項目 A での GIS を用いた学習の例示がいくつか示されています。

【例示 1】

> 　地図や地理情報システムなどを用いて，その情報を収集し，読み取り，まとめる基礎的・基本的な技能については，ここでの学習では，様々な主題図や GIS で作成した地図などを取り上げつつも，後に詳述するように，「今後の学習全体を通じて地理的技能を活用する端緒となるよう」（内容の取扱い）に，情報を収集し，読み取り，まとめる基礎的・基本的な技能を身に付けることを意味している。したがって，この中の「基礎的・基本的な技能」については，地図や GIS などに関わる，今後の学習のための端緒となる地理的技能を含みつつも，中学校までの学習で身に付けた情報を収集し，読み取り，まとめるといった一連の学習活動における幅広い技能を指し，それらを活用するとともにその習熟を図ることが求められる。ここでは，例えば，目的地までのルートを探索するときに，紙の地図とインターネット上に公開されているデジタル地図の両方を収集して比較するといった学習や，複数の主題図を並べたり重ねたりして，表された事象の分布の特徴や共通する要因，主題図と主題図の関係などについて読み取ってまとめるといった学習などが考えられる。

【例示 2】

> 　主題を設定し，世界的視野から見た日本の位置，国内や国家間の結び付きなどを多面的・多角的に考察し，表現するについては，「国家間の結び付き」を事例とすると，ここで取り上げる主題として「貿易相手国の変容とその要因」などが考えられる。例えば，異なる年次にわたる日本の主要な貿易相手国を示した複数の地図を提示して，「日本の貿易相手国はどのように変化してきたのだろうか」，「変化した理由としてどのようなことが考えられるのだろうか」といった問いを立てて，GIS を活用して主要な貿易品について異なる年次の日本の貿易相手国を示した地図を作成し，可視化された情報を基に考察したり推察したりしたことを文章にまとめたり，作成された資料を基に発表したりするといった学習活動が考えられる。

【例示3】

> 国内に視点を移して「国内の結び付き」を事例とすると，ここで取り上げる主題として「物流における輸送手段の選択」などが考えられる。例えば，異なる年次の幹線道路網，航路網，鉄道網の地図とともに，輸送手段別，輸送距離別に表された貨物輸送量のグラフなどを提示して，「貨物輸送の手段には，それぞれどのような特長があるのだろうか」，「どのような利用が行われているのだろうか」といった問いを立てて，輸送貨物の種類や輸送距離によって輸送手段が使い分けられたり，トラックを長距離フェリーに乗せるなど輸送手段が組み合わされたりして，多様な輸送手段が必要に応じて利用されていることなどを，諸資料を基に考察し，表現するといった学習活動が考えられる。さらに，「各輸送手段の特長を踏まえると，今後の物流はどう在るべきだろうか」といった問いを立てて，環境負荷やエネルギー効率の面から，将来の望ましい物流の在り方を考えるなどして，本科目のまとめである大項目Cの「(2) 生活圏の調査と地域の展望」において，地域内の望ましい交通体系の構想に結び付くような，発展的な学習展開も考えられる。
>
> その際，「国家間の結び付き」を取り扱う場合も，「国内の結び付き」を取り扱う場合も，グローバル化が進展する今日，両者を関連付けて取り扱うことが大切である。例えば，上掲の貨物輸送では，海外から外航船により国内の拠点港湾に輸送されたコンテナが，内航船や鉄道，自動車に積み替えられて目的地に運ばれるなど，日本と世界が人や物，情報などを通して緊密に結び付いていることを，地図やGISの活用を通して捉えるような学習活動が考えられる。

　以上、大項目AにおけるGIS活用の例示をみてきました。「これなら私でも実践できそう！」と感じた先生方がどれほどいらっしゃるでしょうか。多くの先生方が、「難しそう」「めんどくさそう」「こんなのできない」と感じられたと思います。

　実際に、これほどの実践をおこなうためにはGISの高度な技術や知識が必要です。GISをほとんど使ったことがない先生方や歴史分野を専門とされる先生方にとってはかなりハードルが高いと思います。

　また、【例示2】を見ると、教員がGISを用いて図を作成し授業で活用していく「GISで**教える**」だけではなく、生徒がGISを用いて作図を行い、その図を基にプレゼンテーションなどを行えるようにする「**GISを教える**」必要もあるということが読み取れます。ここで第1章のコンテンツを使っていただきたいと思います。【例示2】の一例として、⑤**原油の輸入**（p.22）を作成しています。このコンテンツのQRコードを読み取り、表示させ生徒が読み取ったことをプレゼンテーションさせることにより、【例示2】は概ね実現したと言えると思います。

次に、大項目Bについてみていきます。

イ　内容のBについては，次のとおり取り扱うものとすること。

（ア）（1）については，次のとおり取り扱うこと。

　「世界の人々の特色ある生活文化」については，「地理的環境から影響を受けたり，影響を与えたりして多様性をもつこと」や，「地理的環境の変化によって変容すること」などを理解するために，世界の人々の多様な生活文化の中から地理的環境との関わりの深い，ふさわしい特色ある事例を選んで設定すること。その際，地理的環境には自然環境だけでなく，歴史的背景や人々の産業の営みなどの社会環境も含まれることに留意すること。また，ここでは，生活と宗教の関わりなどについて取り上げるとともに，日本との共通点や相違点に着目し，多様な習慣や価値観などをもっている人々と共存していくことの意義に気付くよう工夫すること。

（イ）（2）については，次のとおり取り扱うこと。

　ここで取り上げる地球的課題については，国際連合における持続可能な開発のための取組などを参考に，「地球的課題の地域間で共通する傾向性や課題相互の関連性」などを理解するために，世界各地で見られる様々な地球的課題の中から，ふさわしい特色ある事例を選んで設定すること。その際，地球環境問題，資源・エネルギー問題，人口・食料問題及び居住・都市問題などの地球的課題は，それぞれ相互に関連し合い，地域を越えた課題であるとともに地域によって現れ方が異なるなど共通性とともに地域性をもつことに留意し，それらの現状や要因の分析，解決の方向性については，複数の立場や意見があることに留意すること。また，地球的課題の解決については，人々の生活を支える産業などの経済活動との調和のとれた取組が重要であり，それが持続可能な社会づくりにつながることに留意すること。

　大項目「B　国際理解と国際協力」の中項目「(1) 生活文化の多様性と国際協力」について着目する視点は、場所や人間と自然環境との相互依存関係などに関わる視点です。世界の人々の生活文化を多面的・多角的に考察し、表現する力を育成するとともに、世界の人々の生活文化の多様性や変容、自他の文化を尊重し国際理解を図ることの重要性などを理解できるようにすることが求められています。中項目「(2) 地球的課題と国際協力」について着目する視点は、空間的相互依存作用や地域などに関わる視点です。世界各地で見られる地球的課題を多面的・多角的に考察し、表現する力を育成するとともに、地球的課題の傾向性や課題相互の関連性を大観し、課題解決を目指した各国の取組や国際協力の必要性などを理解できるようにすることが求められています。

　この大項目では、第1章の**①世界遺産マップ**（p.2）や**④世界の国ごとで最も多い宗教の分布**（p.17）などのコンテンツが活用できると思います。世界の文化の広がりについて多様な観点から見ることが求められています。

次に、大項目Ｃについてみていきます。

　ウ　内容のＣについては，次のとおり取り扱うものとすること。

（ア）（1）については，次のとおり取り扱うこと。

　日本は変化に富んだ地形や気候をもち，様々な自然災害が多発することから，早くから自然災害への対応に努めてきたことなどを，具体例を通して取り扱うこと。その際，地形図やハザードマップなどの主題図の読図など，日常生活と結び付いた地理的技能を身に付けるとともに，防災意識を高めるよう工夫すること。

　「我が国をはじめ世界で見られる自然災害」及び「生徒の生活圏で見られる自然災害」については，それぞれ地震災害や津波災害，風水害，火山災害などの中から，適切な事例を取り上げること。

（イ）（2）については，次のとおり取り扱うこと。

　「生活圏の調査」については，その指導に当たって，これまでの学習成果を活用しながら，生徒の特性や学校所在地の事情などを考慮して，地域調査を実施し，生徒が適切にその方法を身に付けるよう工夫すること。

　大項目「Ｃ 持続可能な地域づくりと私たち」の中項目「（1）自然環境と防災」について着目する視点は、人間と自然環境との相互依存関係や地域などに関わる視点です。中項目「（2）生活圏の調査と地域の展望」について着目する視点は、空間的相互依存作用や地域などに関わる視点です。

　まずは、中項目（1）についてGISに関連するところをみていきたいと思います。中項目（1）では、地域性を踏まえた防災を多面的・多角的に考察し、表現する力を育成するとともに、自然環境の特色と防災との関わりや、地域性を踏まえた防災の重要性などを理解し、そのために必要な技能を身に付けられるようにすることが求められています。

　また、この中項目（1）は「人間と自然環境との相互依存関係に関わる視点」と「地域に関わる視点」の2つの視点に分けて考えることが必要です。「人間と自然環境との相互依存関係に関わる視点」としては、自然災害の規模や頻度などを自分の住む地域の人間活動と自然環境との関連から考察していくことが例として挙げられます。「地域に関わる視点」としては、地域性を踏まえた防災をさまざまな側面から考察することが例として挙げられます。

　地理分野における、これまでの防災教育は「教科書で教える」ものでした。しかし、近年の自然災害の頻発に伴って、危険が身近になっていると言えます。つまり、「他人事ではなくなってきた」ということです。これまでの防災教育から脱却し、より身近な地域で防災を考えることや県境を越えて災害や避難所を知ることが必要です。そこで活用されるのがハザードマップです。しかし、ハザードマップは各自治体で作成していたため、自治体によって凡例が違うなどの課題が挙げられていました。

新学習指導要領解説の中での「生活圏の防災」を扱った事例を見てみましょう。

学習指導の展開例〈「生活圏の防災」を扱った事例〉

例えば，「私たちのまちは，自然災害に対してどのような備えが必要なのだろうか」といった問いを立てて，ハザードマップなどの資料を基に地域の自然環境について考察したり，地域の自然及び社会的条件に合った防災の在り方について話し合ったりする学習活動が考えられる。このような学習活動を通して，生活圏で想定される自然災害についての認識を深め，日常における防災意識を高めたり，緊急の場合の適切な行動について具体的に考えたりするとともに，自分たちの生活を自然との関わりから考えようとする態度を身に付けることが大切である。

① ハザードマップの読図，仮説の設定

学校が所在する市町村が発行するハザードマップから，想定される主な災害と危険性の高い地域を読み取り，これまでの自然環境と災害に関する学習を基に，「なぜその場所は危険性が高いと評価されているのだろうか」といった問いを立てて追究する。その際，「その場所で河川の氾濫が予想されているのは，氾濫しやすい地形的な特徴があるからではないか」，「その場所で地震による被害が大きいと予想されているのは，開発の歴史と関わりがあるのではないか」などといった，その場所の危険性が高いと評価される理由について仮説を設定する。

② 様々な資料を使った仮説の検証

新旧地形図やインターネット等で閲覧可能な土地条件図や治水地形分類図，図書館等で入手可能な過去の災害に関する資料や新聞記事などの収集，現地での観察や野外調査などを基に，仮説の検証を行うことで，防災に関わる地域の地理的環境の特徴について理解を深める。例えば，地形図に示された等高線から土地の高低や山地・台地・低地などのおおまかな地形，河川の位置や水流の方向を読み取ったり，治水地形分類図などから扇状地や自然堤防，砂丘，旧河道などの地形区分や干拓地，盛土地・埋立地，切土地などの地形の改変を確認したり，過去の災害についてまとめた資料から災害の発生場所や規模，復旧までの経緯，その後取られた対策などについてまとめたりするといった学習活動が考えられる。その際，現地で観察や野外調査を行う場合には，その地域で防災のために行われている工夫について確認したり，大雨や台風などの際に考えられる河川の増水や道路の冠水，倒木などについて想像したりすることで，災害発生時に現地がどうなるのか，どのように行動すればいいのかを想定することなども大切である。

また，仮説の検証に当たっては，観察や野外調査，文献調査の結果を踏まえて，十分な議論が行われる必要がある。そこでは仮説を裏付ける結果のみを取り上げることなく，様々な側面から調査結果を吟味し，調査結果と齟齬を生じるようであれば，必要に応じて仮説自体を批判的に吟味することも大切である。そのような場合，再度，①の手順に戻って仮説を設定し直し，再調査を行うことも考えられる。

③ 調査結果の整理と対策についての意見交換

複数の地図から読み取った情報を関連付けて，地域の特徴をまとめる地理的技能を生

かし，洪水や地震，土砂災害など，複数のハザードマップを基に，予想される災害の特徴によって地域区分した地図を新たに作成する。例えば，洪水の際に浸水被害を受けやすい低地，地震の際に家屋の倒壊などが想定される住宅密集地，豪雨の際に土砂災害が予想される傾斜地などといった区分が考えられる。次に，「区分したそれぞれの地域では，自然災害に対してどのような備えが必要なのだろうか」といった問いを立てて追究する。市町村役場，避難場所，消防署，病院などの防災にとって重要な施設の位置，集落の分布や規模，道路網や橋の位置などに留意して，区分したそれぞれの地域の自然及び社会的条件に合わせた避難計画や防災のための施策の在り方について考察する学習活動が考えられる。その際，既述のように，災害発生時に現地がどうなるか，どのように行動すればいいのかなどについて具体的に考えたり，予想される災害の頻度や規模を考慮して，取るべき対策について議論したりすることが考えられる。

また，集落の移転など大規模な工事等を伴う事業について，費用と効果，地域住民の願いと全体の利益，代替策の有無などの観点から，グループごとにまとめて意見を発表したり議論したりするなどの学習活動を行うことで，防災に関する事業の意義について理解を深めるなどの学習活動も考えられる。

ここで活用できるのが GIS です。1 章で⑨**全国ハザードマップ**（p.43）を公開しています。これまで多くの人々に全国ハザードマップをスマホで表示していただきました。みなさん共通するのは、こちらが指示しなくても、コンテンツを開いてすぐ自分の住んでいるところまで移動・拡大縮小させて、どんな災害が起こるのかを調べられたということです。その時に多くの人々が身近な地域の自然災害について興味を持たれているということやスマホの扱いに慣れているということを感じました。

しかし、紙のハザードマップや PDF 形式で公開されているハザードマップでは移動・拡大縮小には対応していません。したがって、「生活圏の防災」では、GIS を活用し授業を行うことが有効であると考えます。

次に中項目（2）について GIS に関連するところをみていきたいと思います。中項目（2）では、空間的相互依存作用や地域などに関わる視点に着目して、生活圏の地理的な課題を多面的・多角的に考察し、表現する力を育成するとともに、地理的な課題の解決に向けた取組や探究する手法などを理解できるようにすることが求められています。

また、この中項目（2）は「空間的相互依存作用に関わる視点」と「地域に関わる視点」の 2 つの視点に分けて考えることが必要です。「空間的相互依存作用に関わる視点」としては、身近な地域の地理的課題の現状を、事象のつながりや背景から理解することが例として挙げられます。「地域に関わる視点」としては、身近な地域の地理的課題を、地域の成り立ちや変容、持続可能な地域づくりの観点から捉えることが例として挙げられます。

ここでも GIS が有効に活用できます。地域の地理的課題を可視化することによって、その背景や今後の展望、対策を考えることにつながります。1 章で公開しているコンテンツの中では、⑦**町丁別人口マップ**（p.32）が活用できると思います。人口が集中している地

域とそうでない地域にはどのような違いがあるのか、生徒が予想し調べ、解決し発表するという活動はすばらしいアクティブラーニングであると思います。

　以上、新学習指導要領と解説における GIS に関連するところを見てきました。『SONIC』では、新学習指導要領の内容に沿ってコンテンツを作成しています。実際の授業において有効に活用していただきたいと思います。

2.2　現行学習指導要領での GIS の活用

　新学習指導要領において、GIS は大きな柱の一つとして位置付けられたということはわかりました。しかし、これまでの高校地理の教科書でも GIS の記述はあります。また、センター試験でも GIS に関する出題や GIS を用いた問題が出題されてきました。

　平成 21（2009）年告示高等学校学習指導要領の地理歴史科における GIS の位置づけとしては、指導内容の全体にわたって地図や統計などの地理情報の収集・分析のため、必要に応じて活用していくこととなっていました。しかし、これまで高等学校現場での GIS を用いた教育の実施に関しては多くの課題がありました。主な課題点として以下の 3 点が挙げられます。

①高等学校教員の GIS に関する研修機会の不足

　高等学校教員向けの GIS 研修の場が少ないことに加え、教員の多忙化により GIS の技能を身に付ける時間が少ないことが課題としてあげられます。

　近年、学校間の縦のつながりや専門機関との連携が重要視されています。高等学校と GIS の技術を持つ大学や専門機関が連携し研修の機会を増やしていくことが必要です。大学や専門機関にとっても高等学校における GIS の指導の質が向上することにより、レベルの高い人材を獲得し育成することができるというメリットがあります。地域の人的・物的資源を有効に活用していくことで、教員の GIS の技術は向上し教育の質を高めることが可能となります。

　また、地理の必修化に伴って、歴史分野を専門とする教員が GIS を指導していくことが十分に考えられます。GIS という言葉さえ聞いたことがない教員がいきなり GIS を活用して授業を行うことは不可能なので、今後、高等学校地理歴史科教員向けの GIS の研修機会の充実がより一層求められるといえます。

② ICT 設備の不足

　文部科学省は、「平成 29（2017）年度学校における教育の情報化の実態に関する調査」を行っています。その中の高等学校における教育用コンピュータ 1 台当たりの生徒数をみると、4.6 人とまだまだ台数が不足していることがわかります。

　また、GIS の指導を行う際に問題となるのが、どこの教室を使うかであると思います。ふだんの地理の授業においては、普通教室を使って授業を行う学校が多いでしょう。しか

し、校内 LAN の整備状況及び教育用コンピュータ設置状況によっては、普通教室で GIS の授業が行えない可能性があります。普通教室における校内 LAN 整備率は 94.6％と整備されている一方、普通教室における無線 LAN 接続率は 22.5％とまだ不十分です。そのため、環境の面だけでみると、普通教室において、教員が「GIS で教える」授業を展開することは多くの高等学校で実現可能ですが、教員が「GIS を教える」授業を展開し、その後、生徒自身が GIS を活用し探究的な学習を進めていくことは難しいといえます。

③生徒が GIS に対して距離を感じやすい

生徒にとって GIS という言葉は聞き慣れないものであると思います。これまでの高等学校地理は選択科目であったため、センター試験対策としての履修や比較的地理に興味のある生徒が履修していたと考えられます。しかし、地理総合においては地理に興味関心の全くない生徒も履修することとなります。そのため、GIS を生徒にとって身近なものでかつ有効なツールであると感じさせる必要があります。

そのためには、日常生活の中にある GIS に関連するものを学習の動機づけとして活用していく必要があると考えます。具体的には、「カーナビ」や「スマホのルート検索アプリ」、「ぐるなび」など生徒が日常生活の中で使用するものを扱うとよいでしょう。

今回の学習指導要領改訂における GIS 教育は、現行学習指導要領と比較して、①高校生全員が受講すること、② GIS を教科書上で学ぶだけでなく実際に利用することが求められていること、③歴史分野を専門とする教員が GIS 教育を行うことという 3 点が特徴的です。電子地図はすでに重要な社会基盤の一つとなっています。高校教員や高校生も、スマホを使って道路案内や飲食店の情報など、意識せずに GIS を活用し有効性に触れているといえます。

2.3 そもそもどうやって GIS を教えるの？

多くの高等学校地理歴史科教員が「GIS の教え方がわからない」という不安を抱えていると思います。教員の多忙化は近年の大きな問題となっています。その中で、GIS を用いて図を作成し教材として活用することや、高校生に GIS の技術を教え、生徒自身に作図を行わせ、資料を作成させることはかなりハードルが高いと思われます。

そこで、次期学習指導要領の内容に沿って、GIS で図を作成し、全国に公開することで多くの地歴科教員の不安を解消できるのではないかと考えました。そこで誕生したのが Web GIS コンテンツ「SONIC」です。誰でもどこでも GIS で作成した図を見ることができる地図サービスである ArcGIS Online（「クラウド型 GIS」）を使って独自のシステムを作成し、「SONIC」と命名しました（1 章参照）。

第3章　ArcGIS Online とは

① ArcGIS Online の特徴

　米国 ESRI 社が提供している ArcGIS Online（https://www.arcgis.com/home/index.html）は、Web マップの作成や利用などを、時間場所などを問わず誰でも使えるクラウド型 GIS です。地理空間データのアップロードや地図の作成、アプリケーションの作成を、すべて Web ブラウザ上で行うことができます。ArcGIS Online 上に作成した Web マップは、作成者の設定により、誰でもアクセスし閲覧することができます。

　また、ArcGIS Online 内には様々なテンプレートが既に用意されています。例えば、ArcGIS Online 内のアプリケーション機能を活用すると、2 つのマップの比較や 1 つのマップ内で 2 つのレイヤーを比較できます。さらに、国内外における GIS 活用事例が多く公開されており、海外における GIS 教育の事例や国内の高等学校での先進的な GIS 活用事例を誰でもみることができます。

② 作成者について

　作成者は、はじめに ArcGIS Online のアカウントを作成する必要があります。アカウントの作成および Web マップの作成は若干の制限があるものの、無料で利用できます。

　マップの作成に関しては、作成者の持つデータはもちろん、ArcGIS Online 内で公開されているデータや、国土地理院が公開している地理院タイル、地方自治体のオープンデータなどを利用して Web マップを作成することができます。

　Web マップ作成後はアプリケーション機能を活用し比較等を行うことができます。比較の見せ方としては、現在、垂直バー表示とスパイグラス表示の 2 パターンとなっています。作成者の作った Web マップは「コンテンツ」の中に保存することができます。また、Web マップの共有に関しては、「すべての人に公開（パブリック）」に設定することで世界中の人が閲覧することができます。

③ 閲覧者について

　閲覧者は、アカウントがなくても ArcGIS Online で公開されている Web マップを見ることができます。ただし、アカウントを作成していなければ Web マップを作成することができず、公開されている Web マップの編集もほとんど行うことができません。アカウントを作成していない閲覧者が行える Web マップの編集としては、ベースマップの変更や凡例区分の変更が挙げられます。

　高等学校は閲覧者として ArcGIS Online を活用することで、教員が一から作図することなく授業で GIS で作成した図を活用できます。つまり、閲覧者である高等学校にとって、ArcGIS Online は、教育現場への導入が比較的容易な GIS ソフトであるといえます。

おわりに

　本書を読んでいただいたみなさんは、ハザードマップ（p.43）を見て、ご自宅や職場・学校が安全な場所だと確認できましたか？　また、万一の災害時に、安全な場所に逃げるルートもイメージできたでしょうか？

　これまでの高等学校の地理の教科書では、ハザードマップは1つの地域だけが取り上げられていました。このために、知識としてはともかく、教科書上の「災害」は他人事だと思って授業が行われていることが多かったのだろうと思います。

　2022年に必修化される「地理総合」では、本書で示したようにGISを用いて、高等学校の先生も生徒も、自分のこととして防災について考えることができるようになりました。こうして、命を守ること、財産を守ることを教育の中で実践的に取り上げられるのは、すばらしいことだと思います。

　また、地図帳では最近1時点のことしか掲載されていませんでしたし、データ集では地域をイメージすることは難しかったと思います。こうした紙地図や資料の短所をうまくGISがカバーできることがわかります。

　一方で、本システムを高校の授業で実際に使う際には、いくつかの注意事項があります。

① 本システムの世界地図の国境線は、日本国政府が公式に認めているものと異なる場合があります。これは、システム作成の際に、海外のデータをそのまま使用したためです。

② 地図に表した際に、周囲とはかけ離れた特異なデータを示す国があります。これは、内戦や流行病などが、発生後しばらく尾を引くためです。こうした特異点はGISでは目立ちがちで、生徒から質問が出やすいかもしれません。予習をしてうまく説明してほしいですが、さらに、しっかり図を見ることのできる生徒を褒めてあげて下さい。

③ 国土地理院の地理院タイルを使用したデータ（活断層図など）をスマホで見たとき、凡例が表示されません。これは今後、システムが改善されることを待つしかありません。

④ スマホの画面の大きさにより、図の見え方が違う可能性があります。また、スマホの性能や回線スピードにより、表示速度が異なる可能性があります。特に月末には、スマホの月データ使用量制限を超えるとスピード制限がかかり、月初めよりも表示に時間がかかる恐れがあります。

⑤ データは現在、できるだけ最新のものを使用していますが、今後もデータのメンテナンスが必要です。その際に、URLをできるだけ変更しないよう注意していきたいと考えています。

というように、本書では2019年5月現在で、スマホでデータをざっと見られるように作ったのですが、今後はメンテナンスにどれだけの時間を使えるか、また、要望に応じてコンテンツを増やせるか、という点が課題です。

本書は、筆頭著者である時枝が奈良大学文学部地理学科の卒業論文として 2018 年 12 月に提出したデータと、アプリ「SONIC」を使用しました。さらに GIS の応用技術を学びたい高校生や、高等学校の地歴科の教員として地理の面白さ・興味深さを次世代に伝えていく教職希望の高校生が、近い将来に奈良大学の地理学科で学ぶことを強く希望しています。

　本書は、第 1 章の QR コード（URL）と表示例、図の解説、データ諸元、高校「地理総合」の教案例、第 2 章および第 3 章は時枝が、「はじめに」、「おわりに」と、第 1 章の「分布図の解説」「さらに一歩進んで」の部分を木村が執筆し、全体を木村が調整しました。

　本書を作成するにあたり、古今書院の関 秀明氏には、本書の企画から校正まで多大なご協力をいただきました。記して感謝いたします。

参考文献・出典

【文献】

木村圭司・時枝 稜 2018a. 新しい高等学校学習指導要領解説における「地理総合」「地理探求」のGIS に関連する例示の実現－スマートフォン用アプリの開発－. CSIS DAYS 2018 全国共同利用研究発表大会研究アブストラクト集, 51.

木村圭司・時枝 稜 2018b. 高等学校「地理総合」で用いる WebGIS コンテンツの作成－生徒のスマートフォンでも利用できる例－. 地理情報システム学会講演論文集 27.

経済産業省資源エネルギー庁資源・燃料部 2018.『資源・エネルギー統計年報（石油）』, p.27.

時枝 稜 2018. 2022 年高等学校「地理総合」必修化における GIS の活用と課題. 2018 年度 奈良大学地理学科卒業論文.

時枝 稜 2019. 2022 年高等学校「地理総合」必修化における GIS の活用と課題. 新地理, 2018年度第 67 回 全国地理学専攻学生卒業論文発表大会記録発表要旨（投稿中）.

時枝 稜・木村圭司 2019.『スマホで簡単！ GIS を用いた防災マップ～「地理総合」の教材例～』アド創造.

文部科学省 2009. 高等学校学習指導要領解説地理歴史編.

文部科学省 2018. 高等学校学習指導要領解説地理歴史編.

【Web サイト】

「ArcGIS Online」,『ESRI 社』（2010）, https://www.arcgis.com/home/index.html.

「e-stat」,『総務省 統計局』（2011）, https://www.e‐stat.go.jp/SG1/estat/eStatTopPortal.do?method=init.

「アフリカの紛争の背景とその安定化への模索」,『三田廣行』（2009）, http://www.ndl.go.jp/jp/diet/publication/refer/200902_697/069701.pdf.

「危機遺産リスト」,『世界遺産オンラインガイド』（2016）, https://worldheritagesite.xyz/tag/danger/.

「国土調査」,『国土交通省 国土政策局 国土情報課』（N.D.）,http://nlftp.mlit.go.jp/kokjo/inspect/inspect.html.

「自然環境調査 Web-GIS」,『生物多様性センター（環境省自然環境局）』（N.D.）, http://gis.biodic.go.jp/webgis/index.html.

「石油の用途」,『石油情報センター』（2007）, https://oil-info.ieej.or.jp/whats_sekiyu/1-10.html.

「地理院地図－地理院タイル一覧」,『国土交通省 国土地理院』（N.D.）, https://maps.gsi.go.jp/development/ichiran.html.

「奈良市における観光開発およびベッドタウン化に関する史的研究」,『八坂悠司・岡田昌彰』(2013), http://www.cpij-kansai.jp/cmt_kenhap/top/2013/14.pdf.

「平成 18 年版 少子化社会白書（本編 HTML 形式）」,『内閣府』（2006）, https://www8.cao.go.jp/shoushi/shoushika/whitepaper/measures/w-2006/18webhonpen/index.html.

「募金・寄付でできること」,『日本ユニセフ協会』（2012）, https://www.unicef.or.jp/

cooperate/coop_support.html.

「位置参照技術を用いたツールとユーティリティ」,『東京大学空間情報科学センター』(N.D.),
　　http://newspat.csis.u-tokyo.ac.jp/geocode/modules/addmatch/index.php?content_ id =1.

「海溝型地震と活断層型地震」,『J-SHIS 地震ハザードステーション』(2011),http://www.j-shis.
　　bosai.go.jp/subduction-zone-eq-and-active-flts-eq.

「南海トラフ地震について」,『気象庁』 (N.D.),https://www.data.jma.go.jp/svd/eqev/data/nteq/
　　assumption.html.

「The World Factbook」,『Central Intelligence Agency』(2019), https://www.cia.gov/library/
　　publications/the-world-factbook/fields/401.html.

著者略歴

時枝　稜（ときえだりょう）
　奈良大学文学部地理学科卒業（2019年3月）
　大分市立 東大分小学校教諭
　2018（平成30）年度奈良大学表彰（社会貢献部門）受賞

木村　圭司（きむらけいじ）
　東京大学大学院理学系研究科地理学専攻単位取得退学
　博士（理学）、専門地域調査士
　奈良大学文学部地理学科教授、東京大学空間情報科学研究センター客員教授（拠点）、
　静岡大学総合防災センター客員教授
　専門は地理学、気候学、GIS、リモートセンシング

書　名	**スマホとPCで見る はじめてのGIS** －「**地理総合**」で**GIS**をどう使うか－
コード	ISBN978-4-7722-5326-0　C3037
発行日	2019（令和元）年7月20日　初版第1刷発行
著　者	**時枝　稜・木村圭司** Copyright　© 2019 TOKIEDA Ryo and KIMURA Keiji
発行者	株式会社古今書院　橋本寿資
印刷所	太平印刷社
発行所	**（株）古 今 書 院** 〒113-0021　東京都文京区本駒込5-16-3
電　話	03-5834-2874
FAX	03-5834-2875
URL	http://www.kokon.co.jp/
	検印省略・Printed in Japan

「地理総合」で はじまる地理教育
－持続可能な社会づくりをめざして－

碓井照子 編
日本学術会議地理教育分科会

A5 判　208 頁
2700 円
2018 年発行

★2022 年度からの高校必履修科目
「地理総合」の内容・特性とは？

　2022 年度から実施される高校の新しい必履修科目「地理総合」についての初めての本。日本学術会議地理教育分科会のメンバーが執筆。期待と不安の声が聞かれる現場教員と教育関係者に向けて，「地理総合」の内容・特性と必履修化の背景，教員養成の実態と課題について解説。大学における地歴科教育法の参考書としても役立ちます。
[主な目次] 第 1 章「地理総合」の特性と 21 世紀の地理教育のあり方／第 2 章「地理総合」必履修化への経緯／第 3 章　大学における地理教員の養成と「地理総合」／第 4 章　地歴科教員の研修と「地理総合」の教材素材集／資料：平成 30 年 3 月告示高等学校学習指導要領（地理総合）
　　ISBN978-4-7722-5317-8　C3037

地理空間情報を活かす 授業のためのGIS教材

地理情報システム学会
教育委員会編

B5 判　106 頁
2600 円
2017 年発行

★パソコンですぐに見られる事例から
フリーソフトを使った教材作成まで

　2022 年度から高校の必履修科目となる「地理総合」で柱のひとつとされる GIS。その先駆けとなる教材集を GIS 学会がつくりました。第 I 部では地理院地図などパソコンですぐに見られる WebGIS を，第 II 部では様々なテーマについてフリー GIS ソフトを使った教材作成の手順を紹介します。大学における GIS 入門にも最適。
[主な目次] 地理院地図で知る日本，授業で役立つ Web 地図サービス，電子国土基本図による地形の読図，まちの形と地域の成り立ち，江戸と東京のバーチャル比較，身近な地域の学習における GIS の利用，地域統計データの可視化，人口の分布特性，旧版地形図による土地利用変化の把握
　　ISBN978-4-7722-5305-5　C3037

フリー GIS ソフト MANDARA10 入門
－かんたん！オリジナル地図を作ろう－

谷　謙二著
埼玉大学准教授

B5 判 128 頁
2400 円
2018 年発行

★新機能が加わりさらに便利に。画面
も一新。MANDARA10 公開！

　誰でもかんたんに統計地図が作れると大好評のフリー GIS ソフト MANDARA。さらに便利にパワーアップした MANDARA10（テン）が新登場。さまざまな統計地図のかんたん作成法をソフト開発者自らがレクチャーします。
[主な目次] 1. MANDARA をはじめよう！／2. 白地図を作ろう／3. 都道府県別の統計地図と表現方法／4. 市区町村別の統計地図を作ろう／5. 国別の出生率を地図化しよう／6. 駅別乗車人員を地図化しよう／7. 国土数値情報のシェープファイルを使おう／8. 点データの読み込みとジオコーディング／9. メッシュデータを地図化しよう／10. 国勢調査の小地域データを地図化しよう
　　ISBN978-4-7722-8118-8　C1055

表示価格はすべて税別価格です